管人先管心
带人要带心

黄发爽◎著

煤炭工业出版社

·北　京·

图书在版编目（CIP）数据

管人先管心 带人要带心 / 黄发爽著. -- 北京：
煤炭工业出版社，2017（2021.6 重印）

ISBN 978 - 7 - 5020 - 6175 - 3

Ⅰ.①管… Ⅱ.①黄… Ⅲ.①企业管理—组织管理
学 Ⅳ.①F272.9

中国版本图书馆 CIP 数据核字(2017)第 244205 号

管人先管心 带人要带心

著　　者	黄发爽
责任编辑	刘少辉
封面设计	朝圣设计·阿正

出版发行　煤炭工业出版社（北京市朝阳区芍药居 35 号　100029）
电　　话　010 - 84657898（总编室）
　　　　　010 - 64018321（发行部）　010 - 84657880（读者服务部）
电子信箱　cciph612@126.com
网　　址　www.cciph.com.cn
印　　刷　北京楠萍印刷有限公司
经　　销　全国新华书店

开　　本　710mm×1000mm$^1/_{16}$　印张　18$^1/_2$　字数　280 千字
版　　次　2017 年 10 月第 1 版　2021 年 6 月第 2 次印刷
社内编号　9055　　　　　　　　定价　48.00 元

前　言

　　团队人心涣散，效率低下；团队成员间互相猜疑，毫无凝聚力；天天围坐开会，却迟迟做不出一个好的决策……作为管理者，你是否也常常发出这样的感慨：为什么我的团队一团糟？

　　下面这则寓言也许能给我们一些启示：

　　天黑了，甲、乙两个牧羊人各自把羊群往家赶，到家后他们惊喜地发现，每家的羊都多了十几只。原来，一群野山羊跟着家羊跑了回来。

　　牧羊人甲心想，到嘴的肥肉不能丢呀。于是，他扎紧篱笆，把野山羊牢牢地圈了起来。

　　牧羊人乙则想，待这些野山羊好点，或许能引来更多的野山羊。于是，他给这群野山羊提供了更多更好的草料。

　　第二天，牧羊人甲害怕野山羊跑掉，只把家羊赶进草原吃草，牧羊人乙却把家羊和野山羊一起赶进了茫茫大草原。

　　到了夜晚，牧羊人乙的家羊又带回了十几只野山羊，而牧羊人甲的家羊连一只野山羊也没有带回来。

　　牧羊人甲非常愤怒，大骂家羊无能。一只老家羊怯怯地说："这也不能全怪我们，那帮野山羊都知道一到我们家就被圈起来，失去了自由，谁还敢到我们家来呀！"

　　牧羊人甲不懂得站在野山羊的角度思考问题，只是一味地满足于自己的私欲，结果失去了人心，再也没有野山羊来投奔他。管理是一门艺术，好的管理者能够统领千军万马，创下千秋伟业。不懂管理只会使团队人心涣散、团队效率低下，执行力差，效率不高。

浇树要浇根，带人要带心！人是企业中最珍贵的资源，也是最不稳定的资源。要把团队管理好，就要学会管心、带心。《管人先管心 带人要带心》就是一本教大家如何管理人心的书。

心中有偶像，能挖掘勇往直前的能量；眼前有目标，能激发勇往直前的力量。抓住员工的心，就能管出向心力，带出好团队。本书以睿智的语言讲述如何激励人心，如何征服人心，如何凝聚人心，如何感化人心，如何温暖人心，如何让人的心灵唤发无限的力量，如何用以心换心的方法带出好业绩，管出向心力和战斗力，最终带出以一当十的好团队。

奖得心花怒放，罚得胆战心惊；

在处理员工之前，让错误先晾晾；

拿主意滋生懒惰，出主意激发主动；

超过预期的满足会让员工更努力；

把大奖放在明面，把小奖设在私下；

领导有言必行，员工才会言行一致……

管人先管心，带人要带心！留住人心，才能实现团队合力，提高团队执行力，提升团队业绩，那么现在就让我们一起看看该如何做吧。

作 者

2017.9

目 录

第三章　震慑人心：浇树浇根，管人管心

第四章　激励人心，创造高效团队

第十二章　笼络人心，让下属们无怨无悔地追随

第一章

调动人心，
带出无穷战斗力

用价值观领导团队，调动人心

说到管理，几乎每个管理者都有自己的看法，有人觉得要有威严，要让员工敬畏自己；有人觉得，要懂得使用利益，要让员工觉得跟着自己有钱赚；有的则认为，首先要会选人，找些忠诚者跟着自己，管理自然就好了。可是在冯仑看来，一个真正成功的管理者，靠的不是外在的东西，而是内在的，要能够给员工提供一种价值观和归属感。如果做到这点，那么就能很好地调动员工的积极性。

在谈到这个观点的时候，冯仑提到了宗教，他认为，这个世界上最忠诚的情感就是教徒对宗教领袖的情感。那是一种掺杂着崇拜和人生归属的情感，是最容易引起狂热的，也是最能激发人斗志的。

宗教是一种虚幻的存在，它之所以能够让人信服，靠的就是向人们传递一种价值观。它为人们提供的是一种灵魂上的归属，它的功用就是让人找到归属感。一个成功的企业，也应该是这样的，要向员工传递一种价值，让员工有一种强烈的归属感。

冯仑在构建万通的企业文化的时候，也考虑了这一点。在万通，强调的不是产品，而是价值。在别人都循着卖产品的思路经营的时候，冯仑已经喊出了贩卖价值观的口号。一个企业，想要向客户贩卖价值观，首先自己要有价值观。万通的价值观来自冯仑，也就是冯仑的理想——改变人们的房居理念。

具体来说，冯仑给客户的，不仅是一个居住的地方，更是一种生活方式。一般的地产公司努力做的是在合适的地段给客户一个家，但万通做的是，给客户一个舒适的居住环境。万通的新式住宅小区里，有良好的绿化，有安静的环境，更有方便的居室设计。他们的出发点不是为自己节省成本，也不是为用户创造最大的空间，而是让用户感觉舒服，感觉安心。这就是一种理念和价值观。

在这样的公司里工作，员工不仅能赚到钱，还有一种成就感，因为他们引领着居民的居住理念。这就是一种价值观的归属，这样的公司也必然是一个能够让员工产生强烈归属感的公司。有了这种企业文化，并让员工有了这种情感依附之后，管理者自然就不用再去费心想怎么管理公司了。这就是最高明的管理方法——贩卖价值观。

给人钱，不如给人发展空间；给人发展空间，不如给人梦想。冯仑采用的就是给人梦想的管理方式，这也是绝大多数管理者应该努力的方向。当然，给员工梦想是好的，但也不是说只有梦想就足够了。在给员工心中种植梦想的同时，也要给他足够的发展空间、足够的薪水。几个并重，才能让管理者更加轻松。给人梦想之所以可贵，只不过是因为它是这几个指标里最重要的一个罢了。

管理者是团队的领头人，也应该是团队的梦想设计师。一个成功的管理者，必然是自己有梦，也能给别人梦想。

什么样的人，就该有什么样的待遇

为什么我的员工上班老是磨洋工？

为什么我熬鸡汤、打鸡血都没效果？

为什么我好不容易培养出来的员工跳槽到别人家了？

……

怎样让员工负能量少，积极性高，流失率低，把公司当作自己的？这是所有管理者都面临的问题。那么，如何让员工更有积极性呢？

恒大集团董事局主席许家印说，人是有价值的，什么样的人、什么样的水平、什么样的贡献，就一定要有什么样的待遇。不然，从管理上来说，是留不住人的。

许家印在舞阳钢铁厂待了10年，但是他最后砸掉铁饭碗，下海经商。这与许家印敢拼敢闯，不安于现状的性格不无关系，此外还有一个重要的原因，用他自己的话说就是："做好了就要有体现。在舞钢10年，当了7年车间主任，总是不提拔，我肯定要走。"许家印在舞钢期间做得好是大家有目共睹的，但因为体制限制，这位车间"小皇帝"的能力没有得到应有的回报与奖励，所以他最终选择了离开。

1992年，许家印来到深圳打工，进了一家名为"中达"的公司当业务员。由于踏实肯干，加上业务能力出色，许家印为自己争取到一个更大的平台。1994年，中达老板授意许家印到广州成立房地产公司"鹏达"。最初公司只有4个人，但在许家印的带领下，鹏达拿到了第一个项目"珠岛花园"。这个项目给母公司中达创造了两亿利润，可是许家印当时的月工资只有3000元。用许家印的话说，"当时这点钱实在太少了，就连养家糊口都困难"。经过慎重考虑后，许家印选择了辞职创业。许家印后来坦言，如果当时中达老板提供的年薪能达到10万，他或许就不会离开。

许家印的两次离职都透露出现代企业人才管理中一个十分重要的问题：要给优秀的员工足够的回报，不要在能人的工资上吝啬，不要让精英在职位上原地踏步。

能者多劳，多付出多回报。这不仅是公平公正的体现，更是留住精英人才的关键。加薪或是升职对于员工而言并不仅仅是物质上的满足，还代表了身份、地位，以及在公司中的工作绩效，甚至代表了个人的能力、品行和发展前景。晋升和加薪所带来的价值实现感和被尊重的喜悦，能激发他们更加努力地工作。这一点是每个管理者都应重视的事实。

一方面，对在现有"台阶"上已经锻炼成熟的员工，要让他们承担难度更大的工作或及时将他们提拔到上级"台阶"上来，为他们提供新的用武之地；对一些特别优秀的员工，要采取"小步快跑"和破格提拔的形式使他们施展才干。另一方面，经过一段时间的实践后，不适应现有"台阶"锻炼的员工要及时调整到下一级"台阶"去"补课"。

如果管理者在"台阶"问题上总是分不清谁优秀谁不称职，不能及时提升那些出色的员工，必然会埋没甚至摧残人才。如果该提升的没有提升，不该提升的却提升了，那将为企业带来很大的损失。

管理者要关心员工的成长，对他们的工作多鼓励、多支持，并及时给予肯定，使能力突出的人到更合适的位置上大胆发挥自己的长处，从而大大调动他们的积极性，提升人才的使用价值。

鼓励优秀，理解平庸，苛责不靠谱

现在，市场竞争越来越激烈，企业竞争靠的是实力，而实力主要来自于拥有一批高素质的员工队伍，他们是企业的宝贵财富，是企业成功的关键。能有效地调动人心，激发员工的积极性，使员工更加忠诚于企业，更尽心尽力地完成工作，这是每一个企业领导者都希望做到的事情。那么，如何有效地调动员工的工作热情和积极性呢？聚美优品的管理之道值得我们借鉴。

2014 年 5 月 16 日，聚美优品在美国纽约证券交易所（简称纽交所）正式挂牌上市，股票代码为"JMEI"，开盘报价为 27.25 美元，较发行价 22 美元上涨 23.86%，市值约 38.695 亿美元。截止到上市前，在聚美管理会和高管团队当中，担任公司董事长兼 CEO 的陈欧持股 40.7%，联合创始人戴雨森持股 6.3%，董事陈科屹持股 10.3%，整个高管和董事会团队持股比例为 57.5%。此外，红杉中国、险峰华兴、徐小平分别持有聚美优品股权 18.7%、10.3% 和 8.8%。根据开盘价计算，31 岁的陈欧身价达到 15.75 亿美元，成为纽交所 222 年历史上最年轻的上市公司 CEO。而各个投资人也是赚得盆满钵满。

聚美优品能在短短 4 年间就完成了从创业到在美国纽交所上市的蜕变，与它的人才管理机制有很大的关系。在人才管理上，聚美优品一直推崇一个信条："鼓励优秀，理解平庸，苛责不靠谱"，这种充满狼性的文化，虽然会使聚美优品内部的冲突暴露，但对于快速成长中的聚美优品来说，不失为预防管理问题的一剂猛药。

1. 鼓励优秀

为了"鼓励优秀"，陈欧在聚美优品努力打造一个扁平化的沟通氛围，每个人都可以找他聊天谈话，把自己的想法和问题说出来一起讨论。对于聚美优品的员工来说，在公司获得的幸福感不是源于福利，而是有公平的机会，能真正追求自己的梦想。聚美优品的每个人都知道，自己的公司正在改善着很多人的生活，这本身就是一件了不起的事。

同时，在聚美优品，每个人的岗位权责都异常清晰明确，因为陈欧希望自己的下属都是能够独当一面，勇于承担的精兵悍将，聚美优品里没有来养老的人，只有想实现自己价值和梦想的人。从创业最初自己当伙计，到公司高速发展后适当放权，这个过程是考验一个创业团队的重要体现。对于放权，陈欧有着自己的心得："放权是让他能犯一个可以扛得住的错误。作为管理者，需要做的是制定规则，让每个人的岗位能承担一个扛得住的风险。"聚美优品不是用很高的薪水请到人才的，而是用这个平台的吸引力请到的，与之相对的，福利只是实现梦想后的附加值。

正因为聚美优品这个"鼓励优秀"的政策，使得聚美优品这个年轻团队中的每一个人都有一颗成为"精英"的心。而"精英基因"就是要有年轻人的朝气蓬勃、充满激情、有战斗力，要敢想敢做，能为自己的梦想去努力，主动争取机会，并做好充分准备，甚至可以有"做CEO"的梦想；能勇于承认同行比自己做得好的地方，学习他们的优点，也能及时看到他们存在的潜在风险而引以为鉴。

2. 理解平庸

尽管陈欧无法容忍自己是一个平庸的人，但他也深知要使一个公司的每一个人都是"精英"是很困难的事，因此他选择"理解平庸"。俗话常说，"五根手指头有长有短"，一个公司的员工能力略有参差也不足为怪。这就像建造一栋楼房，需要大块的砖头，但同时也需要小块的碎石和水泥，虽然看上去是那些大石头在承担着遮风挡雨的工作，但是那些小块的碎石和水泥，一样是必不可少的原料。每个企业中都会有这样一些员工，虽然在能力上落后于大多数同事，但是由于一些优良的性格和品格，他们往往在优秀的员工间起到穿针引线的作用。这类员工的存在，从长期看，非常有助于企业组织结构的牢固，因此他们对企业来说同样是一笔巨大的财富。只有这些"小石头"的存在，才可以让"大石头"发挥更大的作用。

其实，一个企业真正的实力不在于有多少有用的人，而在于能让一个人发挥出多大的效力。如果不会用人，那么即使有再多的人才也没有用，反而会因为彼此都有棱角而发生摩擦，影响工作。如果会用人，能够让每个人都发挥出最大的能量来，那么即使是一群普通人，一样可以做出不凡的业绩。

3. 苛责不靠谱

一个公司要想持续地高速发展，需要每一个员工能够同步成长。但现实情况却是：不是每一个人都能这么快成长。

面对聚美优品高速成长所带来的一系列问题，陈欧没有对那些"不靠谱"的员工继续保持和气，而是选择"带头苛责"他们。当然，苛责并不是陈欧的最终目的，而是激励员工进步的一种手段。

陈欧的这种"苛责"是很讲方法的。他会根据每个掉队者的不同性格，区分对待：

有些人需要鼓励，陈欧就会告诉他"你做得很好"，一句话就可以让他自我激励，下次做得更好。

有些人性格特别好强、好面子，第一次犯错或掉队被提醒感觉到压力之后，就不希望被说第二次，会拼命追上来，陈欧就会在他掉队的第一时间给予他适当的"苛责"，从而快速激发他的战斗力。

对于聚美优品高层以及早期合作伙伴，陈欧的要求更为严厉，一如他对自己的苛刻。在陈欧看来，他必须对公司管理层提出更严格要求，原因主要有两点：于公，管理层被赋予了极重的责任和极大的权力，与陈欧一起承担着责任和风险；于私，在整个公司里面，陈欧与他们感情最深，关系最密切，自然觉得有义务督促他们快速成长，他希望每个人都能快速成长，不掉队。

因此，在公司里，陈欧经常对管理团队说的一句话，就是"尊重是靠自己挣的，不是靠别人给的"。在陈欧看来，一个公司要想做大做强，是绝对不能让感情凌驾于理智之上的。尽管他十分看重大家和他一起打拼的情谊，但在跟公司有关的一切事物上，陈欧一直秉持的观念就是"重情义，靠本事吃饭"，他绝不会为了顾及情谊而阻碍公司的发展。

在陈欧的影响下，整个聚美优品团队形成了一种狼性文化氛围，这种氛围让每一位管理者深刻地意识到：只有在其位谋其事，做出相应的业绩，才能获得尊重。

管人先管心，带人要带心！调动人心，激发团队的工作热情和工作动力，才能提高团队的执行力，提升团队业绩，身为领导一定要明白这一点。

见贤思齐，让千里马成为榜样

心中有偶像，能挖掘勇往直前的能量；眼前有目标，能激发勇往直前的力量。见贤思齐这是大多数人的心理，作为企业管理者要懂得利用这一点来调动人心。

具体说怎么做呢？找到团队中最优秀的那一两匹"千里马"，并把他们树立为榜样。要知道榜样的力量是无穷的，有上进心的人都会见贤思齐。

当然，榜样也不是随随便便就能树立的，管理者树立榜样的标准要明确，要让大家认可，目的是营造成功氛围。成功吸引成功，用正确积极的观念，勤奋真诚的态度，带给所有人一种积极向上、热情洋溢且富有组织号召力的形象感受，调动起大家的积极性，让每个员工自然浸染其中并跟着成长，形成一种氛围，形成人人争先的局面。

美国国防工业的巨头诺斯洛普·格鲁门公司（Northrop Grumman）将其首席执行官肯特·克雷莎（Kent Kresa）当作是公司团队发展的榜样。当时，诺斯洛普·格鲁门公司在诚信方面声誉很差。但是，肯特·克雷莎的领导团队却成功地扭转了公司形象，重塑了一个在公众意识中执行力强大的企业。他是怎么做的呢？在整个过程中，肯特其实是个示范者，一开始，他就向员工们清楚地讲明了自己对道德规范、价值观和行为方式的看法，以及对这个企业重塑形象的期待。他用自己的行动为大家树立了榜样，并始终如一地将其传递给合作者。他的成功在于创造了一个讲诚信、富有执行力的大环境。在这个环境中，企业的所有领导者都在为发展而努力。

美孚石油公司之所以能够在世界商业史上留下精彩的篇章，其发展秘诀就在于为团队找到了"千里马"，找到了学习目标，从而使自己的服务和产品更加趋于完美。

1992年，美孚石油年收入就高达670亿美元，这比世界上大部分的国家的收入还高，真正是富可敌国。不过，在辉煌的业绩面前，美孚并没有感到满足，依然保持着很强的进取心，他们希望自己的服务可以做得更好。于是，他们在1992年初做了一项调查，来试图发现自己需要努力的新空间。当时美孚公司询问了服务站的4000位顾客，什么对他们来说是重要的，结果发现，仅有20%的被调查者认为价格是最重要的，其余的80%的被调查者认为以下三种需求很重要：一是快捷的服务速度，二是能够一心为客户着想的友好员工，三是能够认可他们的消费忠诚度。

针对客户的这三种需求，美孚把员工分为速度、微笑和安抚三个小组。美孚的管理层认为：论综合实力，美孚在石油企业里已经独步江湖了，但要把这三项指标拆开来比较，美孚并不能领先所有的企业。于是，他们就下达了一个任务：三个小组各自寻找自己的学习目标，找到在这方面的"千里马"，找到速度最快、微笑最甜和回头客最多的标杆，以标杆为榜样来改造美孚遍布全美的8000个加油站。

经过公司全体员工的努力，果然，他们找到了在单项指标上比他们更为优秀的企业。速度小组锁定了潘斯克（Penske）公司。这家公司是给"印地500大赛"提供加油服务的。每当在电视转播"印地500大赛"时，观众都会欣赏到这样的景象：赛车风驰电掣般冲进加油站，潘斯克的加油员一拥而上，眨眼间赛车加满油绝尘而去。电视机前所有的观众都能够在瞬间感受到潘斯克员工的服务速度。因此速度小组把它当作是美孚学习的目标。

微笑小组寻找的是跨行业的，他们锁定了丽嘉·卡尔顿酒店作为温馨服务的标杆。丽嘉·卡尔顿酒店号称全美最温馨的酒店，那里的服务人员总是保持着招牌般的甜蜜微笑，所有入住过的旅客都对这家酒店印象深刻，并把在这里住宿当作美好的回忆。这个酒店因此获得了不寻常的顾客满意度。

全美公认的回头客大王是"家庭仓库"公司。于是安抚小组把它作为标杆。他们从"家庭仓库"公司学到：公司中最重要的人是直接与客户打交道的人。这个观念颠覆了美孚管理层以往的认知，他们曾经把那些销售公司产品、与客户打交道的一线员工看作是公司里最无足轻重的人。"家庭仓库"公司告诉他们：领导者的角色就是支持这些一线员工，使他们能够把出色的服务和微笑传递给公司的客户，传递到公司以外。

潘斯克公司、丽嘉·卡尔顿酒店、"家庭仓库"公司，这些都是各自行业内的"千里马"，他们以最为完美的服务在行业内一骑绝尘。美孚公司把他们当作自己的学习目标，结果自然可想而知。在经过标杆管理之后，顾客一到加油站，迎接他的就是服务员真诚的微笑与问候。这样做的结果便是，加油站的平均年收入增长了10%。

"千里马"的高业绩对团队很重要，但是，"千里马"的作用不应仅局限于此，让千里马成为榜样，带领所有的人都成为千里马，对团队而言，这更为重要。

用平等的机会调动员工的热情

对于管理者来说，如何激励员工是一件大事，也是一件麻烦事。很多人选择直接用利益激励，可是有的效果好，有的效果却并不理想。之所以如此，是因为利益确实是激励人的好手段，但并不是唯一的，甚至可以说，如果将它当成是唯一的激励手段，还有可能适得其反。

一个人找工作，不外乎两点考虑，一是薪水，二是发展空间。两者并不是排他性的，而是互相结合的，很多时候，后者更重要些。有人会因为高薪水而去做一份自己不喜欢的工作，但却很难持久，当有一天他发现一个能让自己赚钱，又有空间和归属感的职位之后，便会毫不犹豫地离开。而有足够的发展空间的工作就相对好很多，这世上，有很多人会为了将来的发展而忍受暂时的沉寂。

因此，一个好的管理者，就是能够给手下创造足够的发展空间的人。而想要做到这一点，给予公平的制度是必不可少的。关于什么是公平的制度，什么是好的公平的制度，冯仑有过解释。他说，好的公平的制度就是机会均等，大家都在同一个起跑线上，至于能跑出什么成绩，要看个人的努力和付出。一个有这样制度的公司，必然是员工愿意付出的公司。

不过，也许有人会觉得，这样的制度对某些人来说，可能不太适合，因为有的人愿意一刀切的，喜欢大家都是同等待遇。这些人可能会有不满情绪，甚至可能成为团队中的不稳定因素。不过冯仑却觉得，没必要担心这一点。

冯仑认为，人与人是有差异的，有的人喜欢起点公平，有的人喜欢终点公平。所谓起点公平就是大家都有一样的机会，终点公平就是大家都有一样的待遇。在一个拥有终点公平制度的公司内，更喜欢起点公平的人是注定不得志的。他们有抱负，却看不到希望，所以时间久了，这部分人会自动离开。同样，在一个拥有起点公平制度的公司，更喜欢终点公平的人也会觉得很难受，他们会因为别人得到的比自己多而不满，时间久了一样会离开。

所以，完全不必在意文化认同的问题。建立一个起点公平、机会均等的制度，不仅利于激发员工的主动性，更会自动过滤员工，让那些不想付出却想着跟别人拿一样薪水的人自动离开。

冯仑的万通公司，用的自然是机会均等的制度，而他们公司内的员工也确实有很强的主动性。之所以这样，就是因为冯仑懂得管理，更懂得人性。

一个好的管理者，必然是一个能建立好的制度的人。他知道自己想要什么样的员工，也知道怎样找到自己想要的员工。同时，他也知道员工们要什么，更知道怎样满足员工们的愿望，激发出他们所有的潜能。而机会公平的制度，正是实现这些的基础。

支持不指示，放手不掌控

很多领导都会犯这样的毛病，总是把员工牢牢地抓在手里，员工的一举一动都要尽在掌控之中，恨不得把员工拴在腰带上，随时带在身边。

其实，给员工足够的空间让其发展，会使员工充分发挥内在的潜力，从而提高工作效率。此外，它还能带给员工更完整的工作体验、充实的责任感，以及对自我工作能力的肯定。这样，企业和个人就达到了双赢。

联邦快递取得成功的一个重要原因是重视员工，依靠先进的管理理念取胜。他们扩大员工的职责范围，恰当地表彰员工的卓越业绩，激励员工去树立公司形象。

每天总有许多世界各地的商业人士花上250美元，用几个小时去参观联邦快递公司的营业中心和超级中心，目的是亲身体验一下这个巨人如何在短短23年间从零开始，发展为拥有100亿美元、占据大量市场份额的行业领袖。

联邦快递公司创始人、主席兼行政总监弗雷德·史密斯创建的扁平式管理结构，不仅向员工授权赋能，而且扩大了员工的职责范围。与很多公司不同的是，联邦快递的员工敢于向管理层提出疑问。他们通过求助于公司的保证公平待遇程序，以处理跟经理之间不能解决的问题。公司还耗资数百万美元建立了一个联邦快递电视网络，使世界各地的管理层和员工可建立即时联系，这充分体现了公司快速、坦诚、全面、交互式的交流方式。

当年，联邦快递准备建立一个服务亚洲的超级中心站，负责亚太地区的副总裁 J. 麦卡提在苏比克湾找到了一个很好的地址。但日本怕联邦快递在亚洲的存在会影响到它自己的运输业，不让联邦快递通过苏比克湾进入日本市场。其实，这不是麦卡提自己的问题，必须跨越部门界限协同解决。联邦快递在美国的主要法律顾问肯·马斯特逊和政府事务副总裁多约尔·克罗德联手，获得了政府的支持。与此同时，在麦卡提的带领下，联邦快递在日本发起了一场轰动日本的公关活动。这次活动十分成功，使日本人接受了联邦快递连接苏比克湾与日本的计划。

联邦快递经常让员工和客户对工作做评估，以便恰当地表彰员工的卓越业绩。其中几种比较主要的奖励是：祖鲁奖，奖励超出公司标准的卓越表现；开拓奖，给每日与客户接触、给公司带来新客户的员工以额外奖金；最佳业绩奖，对员工的贡献超出公司目标的团队给予一笔现金；金鹰奖，奖给客户和公司管理层提名表彰的员工；明星／超级明星奖，这是公司的最佳工作表现奖，奖金相当于受奖人年薪的 2%～3%。

在企业的日常管理中，人们可以明显地感觉到，对一个员工来说，"我指示你怎样去做"与"我支持你怎样去做"，两者的效果是不同的。一个好的企业管理者，应善于调动员工的积极性，启发员工自己出主意、想办法，善于支持员工的创造性建议，善于集中员工的智慧，把员工头脑中蕴藏的聪明才智挖掘出来，使人人开动脑筋，勇于创造。

利用主人翁意识激发员工的能动性

领导者要时刻把人放在第一位，时刻了解下属的需求，倾听他们的呼声，善于引导和调动下属的积极性，尊重他们的创造性，为他们创造发展的空间和环境，就能够领导企业走向成功。让员工当家做主，树立起主人翁意识，是有效调动积极性的重要方法。

3M公司是世界著名的产品多元化跨国企业，该公司素以勇于创新、产品繁多著称，在其百余年的历史中开发了6万多种高品质产品。追溯3M公司的成长历程，了解它是如何将主人翁意识融合到企业员工的血液中的，可以为企业管理者提供一些有益的启示。

3M公司与其在该行业的主要竞争对手——诺顿公司一开始齐头并进，到如今却形成鲜明的对比。战后一段时间，两家公司规模大致相当，但诺顿公司的组织结构更完善一些；3M公司当时虽然也是一个正在成长的挑战者，但它只是一个小弟弟。然而到了20世纪50年代中期，3M公司的规模已是诺顿公司的两倍；到了60年代，已四倍于诺顿公司；70年代中期，其销售量是诺顿公司的六倍；到80年代中期，其销售量是诺顿公司的八倍。90年代中期，当3M公司成为《幸福》杂志"最受美国人尊敬的公司排行榜"的常客时，诺顿公司已被法国工业巨头圣·高拜恩公司吞并了。

纵观这两家公司的发展史，他们同为规模庞大、多元化经营的公司，但二者分别体现了两种不同的经营理念。当诺顿公司构筑其精细的组织框架和复杂的管理体制，以帮助其高层管理者筹划战略、配置有效资源并控制其经营活动时，3M公司的总裁却与他的经理们讨论他们的主要职能，那就是创造"一种能够培养普通员工主人翁意识的组织环境",把精力集中于充分挖掘每个员工的潜力上。

可以说,3M公司与诺顿公司在管理上最根本的差异是企业文化的差异。3M公司的发展基石是对员工的主人翁意识的大力培养,其管理者明白,激发员工的能动性需要每一位员工都对自己的工作有主人翁意识。要提高员工的积极性,首先要给员工当家做主的感觉,这样他们才有自我表现的动力。

对于一个家庭来说,每个成员都是其中的一分子,都是这个家的主人,人人都为这个家着想,心往一处想,劲往一处使,这个家就会兴旺。对于一个企业来说,道理也是如此,每位员工都是企业这个大家庭的一分子,心往一处想,劲往一处使,企业这个大家就会兴旺。这就是主人翁意识。

所以,一个企业要获得可持续发展,在市场上具有持久的竞争力,就需要全体员工有主人翁意识,心往一处想,劲往一处使,发挥出各自的主观能动性和聪明才智。重视培养每个员工的主人翁意识。

在现代企业中,很多管理者都想当然地认为:企业是我个人的,我才是这里的主人。因此,他们总是把员工单纯地当作为自己创造利润的工具,忽视了员工的主观能动性和创造性思维,结果不仅激起了员工的逆反心理,还常常因为坚持己见而错失很多发展良机。

其实,企业要想做大做强,仅仅依靠两三个人的智慧是不够的,只有充分调动起全体员工的主人翁意识和"岗位老板"的责任心,才能使员工最大限度地发挥出自身的潜能,使企业取得突破性的发展。

第二章

抚慰人心，
唤发无限力量

让员工"提气"，就先给他"泄气"

"我很喜欢无印良品，但很讨厌良品计划。"

路过茶水间时，松井忠三社长突然听到这样一句话。他循声看过去，是两个员工正在交谈，他们端着咖啡杯，杯子冒着热气，溢出浓香，但两个人都无精打采。一个员工不停地抱怨，抱怨工作忙碌、薪水下降，还有店铺经营业绩持续下滑给总部工作带来的影响。另一个员工皱着眉头，时不时附和两句。

这不是松井忠三社长第一次听到这样的话了。自从接手管理跌入低谷的良品计划，他已经在很多场合听到过类似的抱怨。有时候是店铺里的收银员，有时候是销售部的员工，还有一次，他甚至听到一位已经在无印良品工作10年以上的中层管理抱怨："我越来越讨厌这家企业了！"

员工的这些话让身为企业管理者的松井忠三很受打击，更让松井忠三担忧的是，一些员工选择了离开，其中包括一些担任重要职位的管理人员。

员工有不满，身为领导该怎么办？调动积极性、致善公司制度和氛围、进行激励，这些都是必要的，但首先要做的是抚慰，让已经有怨气的员工发泄出自己的怨气，没有了怨气，才会心平气和地解决问题。

美国芝加哥郊外的霍桑工厂，是一个制造电话交换机的工厂。这个工厂建有较完善的娱乐设施、医疗制度和养老金制度等，但员工们仍愤愤不平，生产状况也很不理想。为探求原因，1924年11月，美国国家研究委员会组织了一个由心理学家等各方面专家参与的研究小组，在该工厂开展了一系列的试验和研究。

这一系列试验研究的中心课题是生产效率与工作物质条件之间的关系。其中有一个"谈话试验"，就用了两年多的时间，专家们找工人个别谈话两万余人次，并规定在谈话过程中要耐心倾听工人们对厂方的各种意见和不满，并做详细记录，对工人的不满意见不准反驳和训斥。

这一"谈话试验"收到了意想不到的效果，霍桑工厂的产量大幅度提高。这是由于长期以来工人对工厂的各种管理制度和方法有诸多不满，无处发泄，而通过"谈话试验"，他们把这些不满都发泄了出来，从而感到心情舒畅，干劲倍增。社会心理学家将这种奇妙的现象称为"霍桑效应"。

霍桑试验的初衷是试图通过改善工作条件与环境等外在因素，来提高劳动生产效率。但是，通过试验，人们发现影响生产效率的根本因素不是外因，而是内因，即工人自身。因此，要想提高生产效率，就要在激发员工积极性上下功夫，要让员工把心中的不满一吐为快。

当管理者们领悟了"霍桑效应"后，就要不失时机地应用到自己的管理中去。比如，设立"牢骚室"，让人们在发泄完自己心中的不满后，全身心地投入工作中，从而使工作效率大大提高。日本的一些企业做得更绝，他们在企业中设立"特种员工室"。在"特种员工室"里陈设有经理、车间主管、班组长的人偶及木棒数根，工人如果对某管理人员不满，可以用木棒打自己所憎恨的人的人偶，以泄愤懑。

近年来，法国还出现了一个新兴行业——运动消气中心，仅巴黎就有上百个。出此创意的人大都是运动心理专业的，他们认为运动可以解决人们的心理问题，尤其是心情积郁等诸多问题。每个运动中心都聘请专业人士做教练，指导人们如何通过喊叫、扭毛巾、打枕头、捶沙发等行为进行发泄。也有的通过心理治疗，先找出"气源"，再用语言开导，并让"受训者"做大运动量的"消气操"。这种"消气操"也是专门为这项运动设计的。

　　无独有偶，近几年来在美国也诞生了各种专供人在受了委屈后发泄的"泄气中心"。在这里，有的医生采用发泄疗法对病人施治，具体形式为：召集病人围坐在一起，让大家毫无顾忌地发怨气、"倒苦水"。

　　"泄气"都已经成为商机，并且受到广泛重视。作为领导要想让员工"提气"，一定要先给员工"泄气"，否则只能事倍功半。

在制度中融入柔软的情感

孙子说："上下同欲者胜。"（《孙子·谋攻》）意思是说："只有全国上下、全军上下，意愿一致，同心协力，才能获胜。"如何做才能达到上下同欲的境界？这就需要在注重制度管理的同时，强调感性管理的运用，需要管理者在制度中融入柔软的情感。

中国大酒店创业之初，发生了一件体现中外管理文化差异的小事，但小事中潜藏着大问题——一个关于纪律和情理的问题。

事情缘于一位外方部门经理检查客房，他不仅用眼睛检查地面、窗帘、浴室，还伸手四处摸摸，发现一切都打扫得干干净净，没有任何灰尘，床也铺得很整齐。正当他满意地点头之际，却发现了一个严重的问题：茶几上的茶杯朝向错了。

这里说朝向错，不是说茶杯放得不够整齐，而是茶杯上关于酒店品牌名称的五个字——"中国大酒店"的朝向不对。按规定，杯子上的"中国大酒店"五个字应当向着门口，让客人一进门就看得见，以便传达酒店的品牌形象。

另外，那盒小小的火柴，也没有放在烟灰缸后面，而是放在了烟灰缸旁边。这使外方经理大为恼火，他当众斥责服务员小温，说她工作粗心大意、不负责任、不懂规矩。

小温是一位18岁的广州女孩，刚入职不久，她受不了被人当众斥责，便与经理顶撞起来。她说："这仅仅是一点小事，并不影响酒店的服务质

23

量，客人也不会计较，你分明是鸡蛋里挑骨头，小题大做，欺人太甚。"

但是，摆错杯子是小事吗？

当天，被顶撞的外方经理也很难过。他找到中方经理交换看法，中方经理诚恳地说："在我们中国的社会制度里，上级是人，下属也是人，大家的关系是平等的，唯有对员工满怀爱心，循循善诱，员工才能接受你的批评教育。他们不习惯生硬的训导。"

外方经理恍然大悟："原来我们在管理方法和思想观念上存在着差距。我不了解中国国情，只是就事论事，见她粗心大意、根本没有品牌意识，情急之下没有注意工作的方式和方法。"

他反思了一夜，第二天，他来到小温正在进行清洁工作的客房。小温有点愕然，他们不约而同地望向茶几上的茶杯，这回，茶杯摆对了。那一瞬间，他们相视而笑，仿佛昨天的"恩怨"已一笔勾销。外方经理是来向小温道歉的，他说："我昨天在众人面前大声斥责你，伤了你的自尊心，这是我的不对。但是，杯子的摆法必须讲究。"

从品牌管理的角度看，将"中国大酒店"五个字摆在显眼位置，不是一件小事，而是通过细节传达酒店品牌形象的大事。品牌既是管理的起点，也是终点，酒店提供的一切优质服务过程都在品牌中凝结。

中国有句古语："通情才能达理。"外方经理寓理于情的态度令小温感动，在短短的几分钟里，这位外方经理赢得了下属的尊敬。从此，小温格外注意这样的细节，认真中又多了一种自觉。

后来，酒店针对上级批评下属的态度和方式，以及如何做好督导，如何有效解决冲突等，设立了专门的培训课程。酒店自身的企业文化就在差异和冲突的调解中得到提炼，逐渐积淀下来。

一年多之后，小温被评为酒店的"服务大使"，她在介绍经验的时候讲到了这件事带给她的启迪。不久，她还升职当上了主管，这下轮到她给新来的员工讲茶杯的故事了。

在工作中，管理也要兼顾情理，因为在两者之中，细小的环节也可能引发大问题，管理不细则可能导致企业形象的损坏，情理不通则会引发不满，从而影响管理的实施。所以，无论管理还是情理都要从细处着眼，这样才能提升团队的凝聚力。

美国国际农机商用公司的老板梅考克是一个坚持原则的人，如果有人违反了公司的制度，他会毫不犹豫地按章处罚，但他同样能够体贴员工的疾苦，设身处地地为员工着想。

有一次，一位跟梅考克干了10年的老员工违反了公司的工作制度，上班时间酗酒闹事，并且经常迟到早退，还因此跟工头大吵了一场。在公司所定的规章制度中，这是最不能容忍的事情，不管是谁违反了这一条，都会被坚决地开除。所以当工厂的工头把这位老员工闹事的材料报上来后，梅考克迟疑了一下，但仍提笔批写了"立即开除"四个字。

梅考克毕竟与这位老员工有过患难之交的感情，他本想下班后到这位老员工家去了解一下情况。不料这位老员工接到公司开除的决定后，立即火冒三丈。他找到梅考克，气呼呼地说："当年公司债务累累时，我与你患难与共，即使3个月不拿工资也毫无怨言，而今犯这点错误就把我开除，你真是一点情分也不讲！"

听完老员工的埋怨，梅考克平静地说："你是老员工了，公司制度你不是不知道，应该带头遵守才对……再说，这不是你我两个人的私事，我只能按公司规矩办事，不能有一点例外。"

接着梅考克又仔细地询问了老员工闹事的原因，通过交谈了解到，原来这位老员工的妻子最近去世了，留下两个孩子：一个孩子刚巧不幸跌断了一条腿，住进了医院；还有一个孩子因吃不到妈妈的奶水而饿得直哭。老员工是在极度的痛苦中借酒消愁，结果耽误了上班。

了解到事情的真相，梅考克为之震惊。"你怎么不早说呢？我们不了解你的情况，对你关心不够啊！"梅考克接着安慰老员工说，"现在你什么都不用想，快点回家去，料理你夫人的后事和照顾好孩子。你不是把我当成你的朋友吗？所以你放心，我不会让你走上绝路的。"接着，梅考克从包里掏出一沓钞票塞到老员工手里。

老员工被老板的慷慨解囊感动得流下了热泪，他哽咽着说："我想不到你会对我这样好。"

梅考克又再次嘱咐老员工："你先回去安心照顾家吧，不必担心自己的工作。"

听了老板的话，老员工转悲为喜，说："你是想撤消开除我的命令吗？"

"你希望我这样做吗？"梅考克亲切地反问。

"不！我不希望你为我破坏公司的规矩。"

"对，这才是我的好朋友，你放心地回去吧，我会做出适当安排的。"

事后，梅考克把这位老员工安排到自己的一个牧场去当管家，让老员工以后的生计有了着落。对这一安排，这位老员工十分满意。

企业领导要做到纪律严明，才能保障企业内部良性发展。规章制度是无情的，但人却是有情的。企业领导应从人情的角度对违规员工进行"情感关注"，只有做到以人为本，注重人本关怀，在制度管理中浸润情感上的交融，才能获得员工的追随，才能真正达到"上下同欲"。

用共同目标化冲突于无形

德国心理学家柏格曾做过一个实验，他带领 12 个 10 岁的男孩子一起外出游玩，并把他们分成两个相对独立的小组，各个小组内部通过互动活动，人际关系非常融洽。然后柏格通过向他们分别传递另一方对他们不好的评价，使得两个小组之间渐生芥蒂。

当冲突明朗化后，柏格又尝试了很多方法让他们和睦，如分别向每组说对方的好话，邀请两组的孩子一起吃饭、看电影，让两组的组长坐下来讲和，但均以失败而告终。他们要么是拒绝这些信息，要么故意对抗，关系十分紧张。他们甚至对柏格邀请他们坐在一起而不满。

后来，柏格故意弄坏了乘坐的车子。这样一来，两个小组必须同心协力才能把车子推回去。因为他们年龄很小，力气不足，很多时候都需要进行紧密的协作。最终两个小组的孩子通过友好合作而完成了任务。经过这个事情，两个小组之间彼此加深了了解，关系开始融洽。

这个实验为如何解决团队中不同小集体之间的冲突，提供了一个很有效的方法：那就是为他们设置一个共同的目标，促进他们之间加强合作，以此来增进了解，化解误会和纠葛。

有了冲突虽不一定都是坏事，但却是一件令人忽略不得的事，它听之无声，看之无影，却以一种无形的力量影响着人们的一举一动，如果处理不妥，其后果是团队内成员流失，绩效下降。所以必须高度重视团队中的冲突。

今天的企业，管理者不能消除冲突，但可以引导冲突，寻找冲突的正面效应，把恶性的冲突变成良性的、积极有益的冲突，一场正面的博弈冲突也可以给企业和个人带来积极的结果。

多年前，盛田昭夫担任索尼公司副总裁，与当时的董事长田岛道治有过一次冲突。田岛道治负责皇室的一切事宜，是位老派的望族。

当时，盛田昭夫的一些意见激怒了他，虽然盛田昭夫明知他反对，仍坚持不退让。最后田岛道治气愤难当地对盛田昭夫说："盛田，你我意见相左，我不愿意待在一切照你意思行事的公司里，害得索尼内部有时候还要为这些事吵架。"

盛田昭夫的回答非常直率，他说："先生，如果你和我的意见完全一样，我们俩就不需要待在同一家公司里领两份薪水了，你我之一应该辞职，就因为你我看法不一样，公司犯错的风险才会减少。"

管理者应该看到团队冲突带来的好处。团队冲突能够充分暴露团队存在的问题，增强团队活力。冲突双方或各方之间不同的意见和观点的交锋打破了沉闷单一的团队气氛，冲突各方都能公开地表明自己的观点，且在这种交流中，不存在安于现状、盲目顺从等现象，冲突激励着每个人都去积极思考所面临的问题，从而容易产生许多创造性思维，使整个团队充满活力。这种活力能够保证团队在市场上的竞争性。

通用电气公司前任 CEO 杰克·韦尔奇就十分重视发挥建设性冲突的积极作用。他认为开放、坦诚、建设性冲突、不分彼此是十分重要的管理准则。企业必须反对盲目的服从，每一位员工都应有表达反对意见的自由和自信，将事实摆在桌上进行讨论，尊重不同的意见。韦尔奇称此为建设性冲突的开放式辩论风格。

由于良性冲突在通用电气公司新建立的价值观中相当受重视，该公司经常安排员工与公司高层领导进行对话。韦尔奇本人经常参加这样的面对面沟通，与员工进行辩论，通过真诚的沟通直接诱发与员工的良性冲突，从而为改进企业的管理做出决策。正是这种建设性冲突培植了通用电气公司独特的企业文化，也成就了韦尔奇的不凡事业。

冲突是提升团队凝聚力的契机。在团队中，过分的和睦可能会使不良的工作绩效得到宽容，因为没有人想指责或解雇一个朋友，朋友们往往不愿相互争执或批评，这会使团队缺乏斗志和竞争性。只有在时有冲突的团队里，成员才会因为彼此竞争而快速进步，从而推动团队的高效成长，团队的凝聚力也因冲突得到巩固和加强。

误解产生时，埋怨不如自我检讨

在企业里，管理者与下属之间往往很容易产生一些误解，如果没有充分的沟通，久而久之这些小误会就很可能会导致下属对领导上司产生不信任，对团队心生抱怨。

某公司市场部经理吴迪结算了上个月部门的招待费，发现有1000多块的结余。公司里有个惯例，每当招待费有结余都要用这些钱去请部门里的员工去外面吃饭、唱歌。于是他走向休息室，准备通知张贵这个消息，并让他去告诉其他人晚上聚餐。

可快到休息室门口时，吴迪听到了这样一段对话，对话的双方是自己的部下张贵和销售部员工王魁。

"其实我觉得吴经理对你们太好了，他经常组织你们吃饭、搞活动。"王魁很羡慕地对张贵说。

"算了吧！"张贵很不屑地说道，"他也就这么点本事来笼络人心，我们真正需要帮助的事情，他一件事都帮不上忙。就拿上次公司办培训的事，我们部里的很多人都想参加。大家都想借此机会给自己充充电。别的部门都报了不少名额，可我们连一个都没报上去，真不知道他是怎么想的。"

吴迪听到部下如此评论自己，非常委屈。因为培训的事情吴迪根据下属的需求早就反映到了人力资源部门，可是老板认为市场部人员不稳定，就不愿意投入成本去培训，吴迪也束手无策啊。

包括张贵在内的市场部的员工对经理吴迪很有成见，这严重地影响了吴迪的管理。市场部人心散了，不再信任经理吴迪，吴迪的团队就没有了执行力，市场部就会出现大问题。

很多管理者不免要问，员工对自己产生误解通常是什么原因所导致的呢？

主要原因就是员工认为自身的经济利益受到侵害，上司忽视自己的工作能力。从管理者的角度分析，自己的工作责任越重，遭受员工误解的概率也就越大。这种情况在企业管理过程中经常会出现。因为，管理者的职位很高，自己所掌握的信息量大，准确度也高，而下属则相反。在信息量不对称的情况下，自然而然就会出现下属分析信息不准确，从而产生误解的情况。就像上面的市场部经理吴迪和下属张贵，吴迪手头上掌握的信息要比张贵多且准得多，这就导致了张贵对吴迪的误解。

所以，当误解产生时管理者不要去埋怨下属，而是先要做自我检讨，看自己是否及时合理地把信息反馈给了员工，之后再进行必要的沟通。

误解的主要来源是管理过程中上司的工作与下属个人发展形成的冲突，因为下属与管理者所处的角度不一样，形成的看法也就不一致，而管理者与下属间的沟通不畅、双方信息量的不对等都会进一步加深双方的误会。

比如某员工本来就对上司在工作中的一些做法感到不解，而此时这位员工又了解到其他同事对上司的这种做法也有不满行为，这个时候往往就会产生误解。另外下属的性格气质也是导致误解产生的原因之一，比如下属脾气暴躁，对一些流言偏听偏信等。

误解是来自多方面的，但大部分情况下产生误解的主要原因还是管理者并没有真正被自己的下属所了解和认识。比如管理者与员工之间面对一些很难协调的问题时，特别是管理者为了维护公司利益，但是这个维护与员工利益有冲突时，对管理者了解甚少的员工就会误解自己的上司。

但是误解是可以避免的，管理者完全可以通过更多的工作之外的接触让双方增进了解，多和员工吃吃饭、喝喝酒、唱唱歌，让员工了解一个全面的管理者，这样也就可以减少或避免误解的产生。

抱怨是管理者的致命伤

古罗马有一则寓言故事：

一天，素有森林之王之称的狮子，来到了天神面前，说："我很感谢你赐给我如此雄壮威武的体格、如此强大无比的力气，让我有足够的能力统治这整片森林。"

天神听了，微笑地问："但是这不是你今天来找我的目的吧！你看起来似乎正为某事而困扰呢！"

狮子轻轻吼了一声，说："天神真是了解我啊！我今天来的确是有事相求。因为尽管我的能力再大，但是每天鸡鸣的时候，我总是会被鸡鸣声给吓醒。祈求您，再赐给我力量，让我不再被鸡鸣声给吓醒吧！"

天神笑道："你去找大象吧，它会给你一个满意的答复的。"

狮子兴冲冲地跑到湖边找大象，还没见到大象，就听到大象跺脚所发出的"砰砰"响声。

狮子加速地跑向大象，却看到大象正气呼呼地直跺脚。

狮子问大象："你干吗发这么大的脾气？"

大象拼命摇晃着大耳朵，吼着："有只讨厌的小蚊子，总想钻进我的耳朵里，害我都快痒死了。"

狮子离开了大象，心里暗自想着："原来体型这么巨大的大象，还会怕那么瘦小的蚊子，那我还有什么好抱怨的呢？毕竟鸡鸣也不过一天一次，而蚊子却是每时每刻都在骚扰着大象。这样想来，我可比他幸运多了。"

狮子一边走，一边回头看仍在跺脚的大象，心想："天神要我来看看大象的情况，应该就是想告诉我，谁都会遇上麻烦事，而它并不能帮助所有人。既然如此，那我只好靠自己了！以后鸡鸣时，我就当作鸡是在提醒我该起床了，如此一想，鸡鸣声对我还算是有益处呢！"

狮子是丛林当中的王者，也少不了抱怨。在拥有很多资源时，还会对身边的一些小事不满意。而管理者在一个团队体系里，也是"王者"的身份，也会抱怨员工的种种不是，甚至是苛求他们。狮子在经历一番寻找后，明白了一个道理：要控制情绪少抱怨，不好的事情也许并没有那么糟糕。管理者也要有这样的觉悟，员工不是没有思想、任人摆布的木偶，他们是有自己想法、有情绪的、有鲜明个性的个体。身为管理者，要控制好自己的情绪，不要把抱怨挂在嘴边，这样对公司的发展非常不利。

吴起的公司是一家私企，平时出差业务很多，手底下的员工每月都会递给他很多张报销发票。由于每次报销的数额都不小，吴起每接到一次发票，都会对员工抱怨说："我们公司只是家小公司，你出差的时候能不能节省点，为我考虑考虑。"其实员工做得并不过分，他们出差时吃住都是挑便宜的。而吴起也并不是一个吝啬的人，发工资的时候从来不含糊，而且有时候还会多给个一百两百的，但是唯一的毛病就是爱抱怨。所以，员工每次去递交发票的时候都眉头紧蹙。一开始，因为员工觉得老板不是个小气的人，就选择沉默。渐渐地，员工再也忍受不了他的抱怨，一批批地都走了。吴起不得不招新人，但出差的活儿本来就是熟人干效率才高，新来的员工不仅上手慢，而且出门吃住的费用也要比原来的员工多很多。吴起后悔了，但为了公司的业务已经不能再辞退这些刚上手的员工了，他只能为自己的抱怨给公司带来的损失买单。

　　抱怨是管理者的"致命伤"，抱怨只会让下属觉得更沮丧，让管理者渐渐失去民心。有什么想法可以提出来，毫无理由的抱怨是管理者的大忌。成功的人不抱怨，抱怨的人不成功。

让失去激情的员工在内部跳槽

一个人在同一个环境里工作时间久了，很容易失去工作激情。俗话说"树挪死，人挪活"，换一个环境，能够重新唤起员工的斗志，说不定还能帮员工找到更合适的位置。现在在一些企业的人才储备计划中，就常用到这种方法。他们会让员工在公司各个不同的部门都工作一段时间，在其了解了整个公司的运作流程后，再根据其个人专长进行岗位安排。

把员工留下来，把内部聘用制度建起来，把上升渠道打通，这些只是无印良品确立人才内部培养机制的开端。这就好比松井忠三花了很多功夫，在无印良品内部凿了一潭清泉，每个员工都是泉眼里涌出的一滴水，如果水不流动，就是一滩死水，一开始再清冽甘甜，也会慢慢变臭变脏。

水要流动才能保持清澈，企业内部也要通过员工的流动来避免组织僵化、人才单一等弊病。松井忠三担任西友的人事部长时，听过一位上司吐槽培养财务人才的尴尬。大企业里财务工作烦琐，涵盖的内容很广，学习并熟悉相关工作需要很长时间，假如一个员工从大学毕业就进入公司财务部门，等到他熟悉了财务工作的全部内容，大概就到四十岁了。

"培养一个能独当一面的财务人才，居然需要至少15年时间！"这让松井忠三很吃惊，一旦所有人才都按照这样的模式培养和发展，那么，假如员工积累了15年的财务经验，再将他调到商品开发或经营部门，他仍旧像一张白纸，需要从头学起。这样的话，想要培养一个精通企业所有部门业务的全面人才，将多么困难啊！

要解决这个问题，就不能把大部分人才长期困在固定的岗位上，而是要让他们流动起来。或许有少部分人执着地只热爱某一领域的工作，并且拥有这方面的天赋和才能，那么当然要尊重他们的选择。但对大多数员工，松井忠三仍然鼓励他们在各岗位间调动。

在本企业的人员流动，就像"内部跳槽"，能够解决企业的诸多难题，例如员工在这个岗位缺乏积极性，换一个岗位可能就会面貌一新；有的部门人员长期固定，容易结成小团体，小团体利益可能损害企业整体发展；人员的岗位调动，也意味着各部门间的信息交换，各部门的横向关系网由这些"流动人员"打通，信息交换也更活跃。在松井忠三看来，无印良品80%的人才培养，都得益于企业的人员调动机制。

流水不腐，户枢不蠹。作为管理者，应该鼓励企业内部的人员流动，鼓励内部竞争，不要总是抱怨招不到人才，其实很多人才都在你的眼皮底下，只是你没把他放到正确的位置上。

下属闹矛盾，学会睁只眼闭只眼

人与人之间的关系，本来就是十分微妙的，尤其是在有利益冲突的同事间，如果双方都年轻气盛，就很容易发生大大小小的纷争。那么，作为一位高明的领导，该如何调解下属间的纠纷与分歧呢？作为领导又应该如何处理自己除公事以外的较为棘手的问题呢？如果下属间闹情绪，同事间的关系不和谐等问题需要你去解决时，又该怎么办呢？

大家都看过《水浒传》，招安一直是横在宋江心上的大志，为招安成功，宋江也是下了本钱的。宋江前两次招安没有成功，是因为朝廷派来的钦差从中捣鬼。第三次来的是宿太尉，此人比较看好宋江等人。宋江很识相，很好地利用了这一点，不惜本钱地贿赂太尉及随从等。

见了宿太尉，宋江手捧一盘金珠拜献，宿太尉装样子还不肯接受，宋江再三献纳，方才收了。宋江不但打点好宿太尉，连其随从也被宋江的大鱼大肉、金银细软喂得眼睛眯成一条缝，所以这次招安就成功了。除了宋江等人的诚心可鉴之外，此次招安成功还跟收买了宿太尉等人的人心有很大关系。如果宋江没有睁一只眼闭一只眼的贿赂手段，恐怕他招三百次安，都难成功。

需要提醒管理者的是，在调解问题时，必须先分清问题的原因及事端的后果，也要了解产生矛盾的双方究竟是为什么。全面透彻的了解，是为了在处理这些问题时能有的放矢，做到公正合理，让下属对你的做法心服口服。如果是私事，下属不仅不会觉得你是在多此一举，多管闲事，还会觉得你所做的一切都是为了他们好，纯属是你身为领导以外的朋友式的友情问题。

再有，处理这类问题时，身为领导，你要客观地估计此问题的最坏后果是否与企业的整体利益或局部利益相冲突。如果有，你就必须秉公处理，按制度去处理，但对发生冲突的双方要做到公平、公正、合理；如果没有，你就要学会睁一只眼闭一只眼，不要太认真、太模式化和程序化，你只要站在矛盾人双方的立场上，把问题说开，把矛盾化解即可。因为有些事情很可能是"公说公有理，婆说婆有理"，所以你要做的就是把事情及矛盾冻结，告诉双方"一切到此为止"。因为大家终究是同一办公室或单位共事的同事，而不是敌人。同时，你身为领导还须指出问题的所在。

管理的对象是人，管理者只有学会睁一只眼闭一只眼的方圆管理法，才能在矛盾间寻求平衡，化解矛盾，以利工作，以利企业的整体利益及今后的发展，才能使管理创造高效益。

传达坏消息时要委婉

有些难说的话上司不说是不行的，关键是要委婉、诚恳，尽量减轻对下属的打击。有时，有些话虽然并不过分，也没有什么不正当的意图，但当上级的还是很难说出口。比方说，告诉下属被降职了、解雇了；下属辛辛苦苦拟好的计划书被你否决了；下属向你提出了很好的建议，而你却由于疏忽大意或工作繁忙忘记审阅了，下属向你催问时，你该如何回答？

1. 提案被耽误

上级接受了下属的提案，并且满口答应"看一看"，而过了一段时间后，还没有看。下属希望得到一个完满的答复，就问上级："那个提案，您看过了吗？您觉得怎么样？"在这种情况下，应该直率地说："我现在很忙，实在没有时间细看。不过一周之内一定会给你一个满意的答复！"而且，最好在约定时间之前，主动答复。下属一定会被上级的主动热情所感动的。

如果答复是否定的，更应由上级主动加以说明，表示上级的确认真对待他的提案，是有诚意的，而不是草草应付了事。如果提案需递交给更高一级的领导，而该领导没有明确答复时，最好能说明自己已经递交给了上级。

2. 变更计划

要更改已经通过的计划，该如何向下属说明？万万不能对下属说："不关我的事，都是经理一人说了算，我也没办法！"这样把责任转嫁给上级，自己暂时没问题了，但部下会对经理产生怨气。或者一旦下属明白你是在推卸责任，肯定会对你产生极大的反感，你自己的威信也肯定会降低。

也不应该为了防止下属反对，而用高压手段制止对方开口。这样做会使下属心里留下疙瘩，对上级不满，也会对工作不满，这是最不明智、最不可取的做法。正确的方法应情理兼顾，善意地说服他，才能使下属真正地心服口服，不会丧失工作的积极性。

3．解雇或降级通知

上司们最不希望从他口里说出的坏消息就是告诉员工他从明天起就将失去自己的工作。事实上，解除雇佣关系无论对员工还是对老板来讲都会带来一种精神上的不安。许多管理人员都承认，他们总想延缓这种冲突和矛盾，希望出现奇迹，或者情况有所改变，甚至希望雇员主动提出辞职。

不得不解雇某个人确实是压在上司们肩膀上的重担，但在现代竞争激烈的环境中，有时你不得不这样去做，因为公司必须考虑到它的人工成本及每个员工对公司的价值。当你对某位员工说"我们必须让你走"时，你往往有一种负罪感。因为你觉得此员工落到这一步，你也有责任。有时你会觉得这位员工的失败也是自己的失败，你也许会说"首先我不应该雇佣他"，或"如果我在培训他时做得很好的话，我应该看到出了什么问题，然后帮助他"。

总之，不管你多么不情愿解雇员工，都必须正视这一难题，所以你必须学会如何解雇员工。这是很重要的一种技巧。

一家工厂的老板在谈到他所知道的一个讲话极讲究策略的人的时候，是这样说的："他就是在我第一次参加工作时把我解雇的那个老板。他把我叫了进去，对我说：'年轻人，要是没有你，我不知道我们以后会怎么样。可是，从下星期一起，我们打算这样来试一试了。'"

　　公司人事调动不可避免，比如下属被降职，或是调到分部，或是被打入"冷宫"，委派他去干一些鸡毛蒜皮的小事，总之不再受到上级的重视了。上级这时有责任通知他，并且要耐心安抚，尽量使他能保持积极愉快的心情前往新岗位就任。

　　请千万记住，在通知他这一消息时，不要用有伤感情的字眼。下属被降职，心里本来就非常不痛快了，上级再用词不当，甚至恶语伤人，无异于给下属火上浇油，这样就难免会造成难以想象的后果。

批评而不斥责，更易被接受

古人云："人非圣贤，孰能无过？"有过而不接受批评，只能在错误的道路上越走越远，最后，便不是批评所能根治得了的了。因此，在领导管理过程中，适当地批评和否定下属，是有其必要性的。

批评之目的，在于促使人认识和改正错误并且发生转变。领导者只有解决了目的性问题才能从爱护人、提高人的愿望出发，才能有真诚的友爱，如火的热情，诚挚的精神；才会有诲人的诚意，容人的雅量，帮人的耐心。

在实施批评中，对有错不认错的必须严肃严厉地批评；对已认错的要适可而止，见好就收，特别是那种已经知错且心理压力较大的，不应再加以批评，而应给予安慰。

一个儿童在家中洗碗碟，不慎打碎了碗，有的家长训斥责骂，使孩子愈加惊恐害怕；而有的家长虽然也批评孩子做事粗心，但主要是安慰孩子今后要小心，这两种教育孩子的态度，效果是截然不同的。

下属出现失误和错误，上级既要分清性质、程度及危害，不失时机地予以教育处理，又要与人为善，为其留点面子，不伤其人格，避免因方法不当激化矛盾，以致产生对立的效果。

当然，要防止以讲究批评艺术为名，使批评变成媚化，即态度虚伪，话语委婉，使批评本意荡然无存，将积极的思想变成一种毫无原则的调和主义。

不论怎样批评，最好能使用一种使对方便于接受的方法，指出其行

43

为如何错误以及应该采取何种改正措施，以取得对方的理解，让人心服口服。正确而有效的批评，是摆事实、讲道理，动之以情、晓之以理，将心比心、换位思考，尊重他们的长处，理解他们的难处，关心他们的苦处，在大道理和小道理的结合上，通过耐心说服教育和民主讨论，和风细雨地疏通引导，实事求是地指出他们认识上的短处、方法上的错处、工作上的差处，使其能够心悦诚服。

下属只接到上司要求其改变不良行为的命令却没有接到如何正确行动的指示，这种命令的作用显然不大，有可能导致下属对上司的指令不予理睬或予以抵制。改变人的不良行为如同治水，仅去筑起一道拦水大堤而不修一条疏通的河道，会造成可怕的水患。比如规劝"烟鬼"戒烟，除非他确信吸烟的危害、戒烟的好处，否则不会去戒烟。这个正确的认识必须来自他自己的认识，而不是在别人的强迫下接受的观点。

领导者实施批评应讲点绅士风度，不宜火冒三丈、暴跳如雷。从批评的全过程来看，有的上司开始尚能冷静，但在批评的过程中，感情也发生了起伏变化，产生兴奋激动，越说越生气，甚至涉及对方的人格问题，这是最不可取的一种批评方式。这样做不但会使人对批评不予理睬，甚至会当面反唇相讥，导致双方关系僵化。

人们对语言的刺激是最敏感的，仅说几句过分出格的话，就足以使人心扉紧闭。正确有效的批评，绝对不要掺入个人感情用事的成分，而应该十分冷静，处处讲理。真正有效的批评，应该是一次感情经过细腻处理的、冷静的、充满理智的谈话。但情绪太平静，会给人一种问题不大的感觉，而对批评引不起重视。

批评人时，可以不掩饰内心的忧虑和愤怒，有节制地发发脾气，那会产生戏剧性的效果。当然，发泄对象是事而不是人。物极必反，发怒要谨慎，经常与下属发生争吵的人，永远不会成为好的领导者。至于加入个人感情成分，为发泄自己的郁闷而批评人，则背离了批评本意。

美国经营心理学家欧廉·尤斯教授认为，人在感觉兴奋激动时，要有意识地做到：首先降低声音，继而放慢速度，然后挺直胸部。这位教授的见解是耐人寻味的。因为大声说话，声音对感情将产生催化作用，使已冲动起来的表情更为强烈。语速方面，因为个人感情一旦掺入，语速就会变快，就会产生与说话声音大相同的恶性循环。另外，观察情绪激动、语言激烈的人，一般都表现出胸部前倾，同时脸部接近对方，这种说话姿势将人为地制造一种紧张对立的状态，此时如果挺直胸部，则自然淡化了冲动和紧张的气氛。

第三章

震慑人心：
浇树浇根，管人管心

奖得心花怒放，罚得胆战心惊

御人是一门艺术，随着时代和人们思想的进步，方法千变万化，但不论怎么变，有两个基本点一直没变，那就是奖与罚。

奖得心花怒放，罚得胆战心惊。领导者要赢得下属追随，使他们心悦诚服，一定要懂得恩威并施的御人艺术。日本有位企业家总结自己的用人经验时说："打一巴掌给个甜枣吃。"意思是高明的领导者既要善于对下属施威，对之施以批评或者责罚，使他意识到自己的错误，又要懂得在恰当的时候给他一点甜头，使他愧疚的心平息下来，引导他朝正确的方向走。

我们可以把领导的发威喻为"火攻"，把领导的施恩视为"水疗"，水火并进，双管齐下，这样才能更好地驾驭下属，发挥他们的才能。

所谓恩，主要是指亲切的话语及优厚的待遇，尤其是话语。要记得下属的姓名，每天早上打招呼时，如果亲切地呼唤出下属的名字再加上一个微笑，这名下属当天的工作效率一定会大大提高，他会感到，领导者是记得我的，我得好好干！

有许多身居高位的人物，能够记得只见过一两次面的下属名字，在电梯里或门口遇见时，点头微笑之余，叫出下属的名字，令下属受宠若惊。

另外，领导者对待下属，还要关心他们的生活，聆听他们的忧虑，他们的起居饮食都要考虑周全。

所谓威，就是必须有命令与批评。一定要令行禁止，不能始终客客气气，为了维护自己平和谦虚的印象，而不好意思直斥其非。必须拿出做上司的威严来，让下属知道你的判断是正确的，从而去不折不扣地执行。

上司的威严还可以体现在对下属布置工作上，交代任务。一方面要敢于放手让下属去做，不要自己包打天下；另一方面在交代任务时，要明确要求，什么时间完成，达到什么标准。布置了以后，还必须检查下属完成的情况。

由此可见，领导的"火攻"发威是强硬的一手，镇住了局面；再通过"水疗"把恩泽缓缓传递下来，浸润到各个下属心中。恩威并举，令下属不得不佩服你的手段。

当然，领导者在具体的管理中应当注意把握适当的"度"。善于发威的领导深知"威"虽对众人而发，但这对个别人而言，又有不同的做法。部下中确有出色的人才，这种"千里马"是不能重鞭的，对于好胜心特别强的人，对于极有反抗精神又能力非凡的人，都不能用威风压制他们。

另外，有些下属是无法用高压使之屈服的，这时就要给他传递这样一个信息：我对普通人是发威的，但对你不同，因为你特别出色。好胜心特别强的人也极敏感，一旦接收到这种信息，他们就以"士为知己者死"的态度来回报你。其实，这种情况领导也是在发威，不过威施于无形之中。

有威慑力的领导一般决断力强，办事爽快果断，常常是一字千金，凭这就使人折服。部下也会因为佩服你而不自觉地向你靠拢，感染上你的风格。

你不处罚，他便得寸进尺

中国很多企业染有儒家的"众恕之道"的思想，常常不太愿意处罚员工。慢慢地，很多管理者由容忍变成了姑息，员工就会在企业随意妄为，管理者的管理就毫无作用，项目的执行力大打折扣。卡耐基说，人都有自身的弱点。不管你愿不愿意承认，每个人都有劣根性，得寸进尺潜藏在所有人的内心深处。在职场，如果你做了一件不算错误但也知道不能做的事，而领导没有指出来，那么几次以后，再遇到这样的情况你肯定还会照着原来的做。因为在你看来，这样的做法领导是没有意见的。了解了这一点，作为管理者是不是会有所警醒呢？

长期去麦当劳或肯德基的人会发现这样一个怪异的现象：每过几个月，原来熟悉的员工面孔都会被换掉。这是什么原因？他们的管理者的处罚依据是：在店里，前两个月，员工在学习中自然保持奋进的心态，热情也是满满的；又过两个月，员工便很快能熟练工作，不费脑神；再过两个月，员工会在长期重复无聊的工作中露出疲态，甚至不在乎工作了。快餐店需要员工具有高强度的团队执行力，既然开始懈怠，就要立马处罚，辞退他们，换一批新的员工。

很多外企的管理者都有足够的胆识去处罚人，他们不会有所顾忌。

杰克·韦尔奇曾是美国通用公司的总裁，而公司副总裁的业绩很长一段时间提升不上去，于是他准备了一次晚宴，请来了副总。

杰克与副总裁的关系是非常好的，私底下也是朋友。但是他没有顾忌，他对副总裁说："对不起，你可能要走了。"就这样他三天之后下了人事命令，换了这位副总裁。副总裁并没有多说话，因为基于对杰克多年的了解：他对员工的处罚从来不会更改，也从来不会有所顾虑。

有胆识的人，就要敢于处罚，只要认准是对的，甚至可以孤注一掷。

"独狼"罗马里奥是巴西著名射手，深受球迷喜爱，但他性格桀骜不驯，常常因为自恃清高与队里的其他成员吵架，连教练都不给面子。教练因为不满罗马里奥，走了一个又一个，最后当斯科拉里顶上了教练的位置，一上任就做出了一个重大决定：将罗马里奥弃之不用。

足球对于巴西这个国家的重要性不言而喻，因此，罗马里奥对于巴西来说不仅仅是一个天才球员那么简单，他是万千球迷心中的期盼。可见，斯科拉里做出这样的决定需要有多大的胆识。

媒体断言，没有了罗马里奥的巴西队在世界杯上一定不会走得太远，斯科拉里就要成为巴西足球史上的罪人了。

最后，连总统都出马了，他虽然能理解斯科拉里的做法，但是迫于压力他还是写了一封信为罗马里奥说情。斯科拉里丝毫不为所动，他给总统回信道："如果你坚持要让罗马里奥上场的话，我就辞去教练的职务。"

总统也没有办法，在世界杯的节骨眼上换教练是最大的忌讳，所以只能舍弃罗马里奥了。也因为如此，斯科拉里在球队树立了绝对的领导权威，招揽了一大批巴西足球明星，那一年的世界杯巴西队也赢得了冠军。罗马里奥也因此流下了英雄泪，称这将是他一生最大的遗憾。

一个管理者，对于自视甚高的员工，要注意他们逾越或犯规的举动，要对他们进行应有的处罚，并坚持自己的原则。斯科拉里做到了，因此巴西队的足球明星们才会听命于他，服从他的战术安排，巴西队才会有好的成绩。企业也是一样，没有处罚，管理者也就没有了威严，企业就很难管理。

试想一下，当员工凭着自己以往的成绩，藐视管理者，说话不分轻重，公司怎么会有好的管理效率？只有敢于处罚，做个有胆识的管理者，才能镇得住人心，留得住手下的员工。

修理破窗，删除害群之马要及时

如果窗户被打破后没有及时修复，就会导致更多的窗户被打破。这就是著名的"破窗理论"。要想创造一个好的环境，除了要维护外，还必须及时修好"第一扇被打碎玻璃的窗户"。

对于领导者而言，"破窗理论"揭示了一个道理，那就是：任何一种问题的存在，都有其含义，都是在传递某种信息，当这个信息没有获得适当的处理时，就有可能导致问题的扩大。此外，如果组织中有错误或偏差的行为发生，而领导者没有立即处理，久而久之就会使团队中其他人仿效，影响组织正常的运作。因此，领导者必须在问题发生时及时进行纠正与补救。

美国有一家以极少炒员工著称的公司。一天，员工杰瑞为了赶在中午休息之前完成2/3的零件加工任务，在切割台上工作了一会儿之后，就把切割刀前的防护挡板卸下放在了一旁，因为这样加工零件会更快捷一点。

过了一个多小时，杰瑞的举动被无意间走进车间巡视的主管看到了。主管大怒，除了命令杰瑞立即将防护挡板装上之外，又大声怒斥了半天，并表示要将杰瑞一整天的工作量作废。

被主管训斥了一顿之后，杰瑞便以为结束了，没想到，第二天一上班，有人通知杰瑞去见老板。在那间杰瑞接受过好多次鼓励与表彰的总裁室，杰瑞听到了要将他辞退的处罚通知。

总裁说："身为老员工，你应该比任何人都明白安全对于公司意味着什么。你少完成的零件、少实现的利润，公司可以换个人、换个时间把它们补上，可你一旦发生事故失去了健康乃至生命，那是公司永远赔偿不起的……"

离开公司的那天，杰瑞流泪了，工作的几年里，杰瑞有过风光，也有过不尽如人意的地方，但公司从未有人对他说过不行。可这一次不同，杰瑞知道，这次他触碰到了公司的底线。

几乎任何企业团队中，都会存在几个"刺头"员工，他们往往不会为组织增添多少成果，反而会拖团队的后腿，将事情弄得更加糟糕。管理者不要忽视一两个"害群之马"的破坏力，他们会使一个高效的部门迅速变成一盘散沙。我们总说，破坏总比建设容易。一个能工巧匠花费时日精心制作的瓷器，一秒钟就会被破坏掉。如果一个团队中有一匹害群之马，即使拥有再多的能工巧匠，也很难取得较好的工作成果。作为管理者，遇到这样的情况，若想保持团队的高效，你只有一个选择，按下"Delete（删除）"键，迅速将其清除掉。

美国第一CEO杰克·韦尔奇对待害群之马的员工非常干脆：

每年，通用公司的高管都被要求将他们团队的人员分类排序，其基本构想就是强迫公司的领导对他们的团队进行区分。

他们必须区分出在他们的组织中，他们认为哪些人是属于最好的20%，哪些人是属于中间大头的70%，哪些人是属于最差的10%。

如果他们的管理团队有20个人，那么公司就要求知道，属于20%的最好的4个和属于10%的最差的两个都是谁——包括姓名、职位和薪金待遇。表现最差的员工通常都必须走人。

韦尔奇把员工分为A、B、C三类，C类是"烂苹果员工"，即害群之马。

A 类是指这样一些人：他们激情满怀，思想开阔，富有远见。他们不仅自身充满活力，而且有能力帮助带动自己周围的人。他们能提高企业的生产效率，同时还使企业经营充满情趣。

B 类员工是公司的主体，也是业务经营成败的关键。通用公司投入了大量的精力来提高 B 类员工的水平，希望他们每天都能思考一下为什么他们没有成为 A 类。经理的工作就是帮助他们进入 A 类。

C 类员工是指那些不能胜任自己工作的人。他们更多的是打击别人，而不是激励；是使目标落空，而不是使目标实现。管理者不能在他们身上浪费时间，那对团队没有任何好处。

韦尔奇还规定，区分出三类员工后，按照等级进行奖惩：A 类员工得到的奖励应当是 B 类的两到三倍，公司还会给予 A 类员工大量的股票期权；对 B 类员工，每年也要确认他们的贡献，并提高工资，大约 60% 到 70% 的 B 类员工也会得到股票期权；至于 C 类，不但什么奖励也得不到，还要承担被淘汰的后果。

很多管理者会认为，剔除落后的 10% 的员工是残酷或者野蛮的行径。这是一种曲解，事实恰恰相反。平庸的员工对于优秀的团队是一种伤害，而对于其本身也并没有什么好处，因为让一个人待在一个他不能成长和进步的环境里是真正的"假慈悲"，对任何一方都没有好处。

如果把一汤匙酒倒进一桶污水中，你得到的是一桶污水；如果把一汤匙污水倒进一桶酒中，你得到的还是一桶污水，这就是有名的"酒与污水定律"。如果一个高效的部门里，混进一匹"害群之马"，会全盘破坏组织的健全功能，所以对于管理者来说，处理害群之马最好的方法，就是马上给他上一盘"炒鱿鱼"。

杀鸡儆猴，震慑人心

杀鸡儆猴是善使权术之人用来威慑人心的惯常手段，虽然少不了其阴晦的色彩，但却屡试不爽。作为一名企业管理者，如果"杀鸡儆猴"这一手段运用得当，就能在员工心中立威，方便管理政策的下发和落实。

齐国人孙武是我国古代伟大的军事家，被誉为兵学的鼻祖。他因内乱逃到吴国，把自己所著的兵法敬献给吴王阖闾。阖闾说："您写的兵法十三篇，我都细细读过了，您能当场演习一下阵法吗？"孙武回答说："可以。"吴王又问："可以用妇女进行试练吗？"孙武又答道："可以。"于是吴王派出宫中美女一百八十人，让孙武演练阵法。

孙武把她们分成两队，让吴王最宠爱的两个妃子担任队长，每位宫女手拿一把戟。孙武问她们："你们知道自己的心、左右手和背的部位吗？"她们都回答说："知道。"孙武说："演习阵法时，我击鼓发令：让你们向前，你们就看着心所对的方向；让你们向左，就看着左手所对的方向；让你们向右，就看着右手所对的方向；让你们向后，就转向后背的方向。"她们都齐声说："是。"

孙武将规定宣布完后，便陈设斧钺，又反复强调军法。一切准备妥当后，孙武击鼓发令向右，宫女们却嬉笑不止，不遵奉命令。孙武说："规定不明确，口令不熟悉，这是主将的责任。"于是他重新申明号令，并击鼓发令向左，宫女们仍然嬉笑不止。孙武说："规定不明确，口令不熟悉，这是主将的责任。现在既然已经明确，你们仍然不服从命令，那就是队长和士兵的过错了。"说罢，命令斩杀两名队长。

当时吴王正站在观操台上，见孙武要斩杀他的两个爱妃，大吃一惊，急忙派人向孙武传令："我已经知道将军善于用兵了。没有这两个爱妃，我连吃饭也没有味道，请您不要杀掉她们。"孙武回答说："臣既然已经受命为将帅，就应该尽职尽责做好分内的事。将帅在处理军中的事务时，君主的命令如果不利于治军，可以不接受。"说完，仍旧命令斩杀两名队长示众，并重新任命两名官女担任队长。孙武再次击鼓发令，官女们按照鼓声向左向右，向前向后，跪下起立整齐划一，一举一动完全符合孙武的要求，没有一个人敢发出嬉笑声。

春秋时期，齐国的田穰苴也是一个法令严明的人。齐景公任命田穰苴为将，带兵攻打晋、燕联军，又派宠臣庄贾做监军。临行前，穰苴与庄贾约定，第二天中午在营门集合。第二天，穰苴早早到了营中，命令装好作为计时用的标杆和滴漏盆。约定时间已过，可是庄贾迟迟不到。穰苴几次派人催促，直到黄昏时分，庄贾才带着醉容到达营门。穰苴问他为何不按时到军营来。庄贾一脸无所谓，只说什么亲戚朋友都来为他设宴饯行，他总得应酬应酬吧。穰苴非常气愤，斥责他身为国家大臣，负有监军重任，却只恋自己的小家，不以国家大事为重。庄贾认为这是区区小事，仗着自己是国王的宠臣亲信，对穰苴的话不以为然。穰苴当着全军将士的面，叫来军法官，问："无故延误时间，按照军法应当如何处理？"军法官答道："该斩！"穰苴当即命令拿下庄贾。庄贾吓得浑身发抖，他的随从见势不妙，连忙飞马进宫，向齐景公报告情况，请求景公派人救命。在景公派的使者赶到之前，穰苴已经下令将庄贾斩首示众。全军将士看到主将敢杀违反军令的大臣，个个吓得发抖，谁还敢不遵将令。

景公派来的使臣飞马闯入军营，拿景公的命令叫穰苴放了庄贾。穰苴沉着地应道："将在外，君命有所不受。"他见使臣骄狂，便又叫来军法官，问道："乱在军营跑马，按军法应当如何处理？"军法官答道："该斩！"使臣吓得面如土色。穰苴不慌不忙地说道："君王派来的使者，可以不杀。"于是下令杀了他的随从和马匹，并毁掉马车，让使者回去报告情况。

一个高明的将领管理军队都应该如此，做到令行禁止、法令严明，否则，令出不行，士兵如一盘散沙，如何上战场冲锋陷阵？

对于一名管理者来说也是如此，商场如战场，如果公司制度不明，员工不服从指挥，如同一盘散沙，如何跟众多的竞争对手"厮杀"？所以，有时候管理者也需要采取一些诸如"杀鸡儆猴"的非常手段来震慑人心，激励士气。

在处理员工之前，让错误先晾晾

莎士比亚在《理查二世》中说过："因为容忍祸根乱源而不加纠正，危险已是无可避免的。"因此，当一个人犯了错误，就要被人纠正，不然就会铸成大错。管理者对待员工的错误的处理方式也应该如此，员工的错误是当然要处理的，但处理的技巧得掌握好。

格利乌斯说："不得当地纠正别人的错误要比猛烈的谩骂更令人气愤。因为谩骂你的人被看作是有偏见和敌意；而不得当地纠正别人的错误是一种强迫，往别人的伤口上撒盐，比偏见和敌意更要不得。"

所以，管理者不能不处理员工的错误，也不能乱处理员工的错误。那么，就在处理错误之前，让错误先晾着。

卡耐基讲到这个问题时，给人们讲述了他用延期的方式来处理错误，帮助他的侄女的故事。

"我的侄女约瑟芬·卡耐基来到纽约给我做秘书时，那年她才19岁，从中学毕业刚三年，工作经验等于零。现在可以说她是西方国家最熟练的秘书之一。但是在开始时，只能说她是可以提高的。一天，当我正要批评她时，我对自己说：'稍等一下，戴尔·卡耐基。你在年龄上比约瑟芬大很多，在工作经验上也多很多，你怎么能期望她具有你的观念、判断力和能动性，尽管这也只是普普通通的能力。再稍等一下，戴尔，你在19岁时是怎么干的？记得你犯下的愚蠢的错误、办的傻事吧？记得你做的这个……做的那个……？'思考一番后，我公正地得出结论：约瑟芬的工作成绩也没有太不好嘛，我要等一会儿想好了再去指出她的错误。

"因此，每当我想让约瑟芬注意错误时，我常常先等一会儿，然后再对她说这样的话：'你犯了个错误，约瑟芬，不过老天知道，这错误并不严重，你也许只要稍微改正一下就可以了。'"

约瑟芬觉得卡耐基现在还能注意到她以前犯的错误，觉得是在关注她，很欣然地接受了意见，自己主动改正了错误。

卡耐基总结道："如果我让她改正错误的时机正好选在她刚犯完错误的时候，她很可能觉得这是我在针对她，她也觉得很逆耳，那我就先把错误搁置一会儿，当她在错误里感到愧疚时再提一下，就很愉快地让她改正了错误。"

美国著名企业家玫琳凯在《谈人的管理》一书中写道："在意你批评别人的错误是否及时是不对的，而要在意让错发生之后让犯错误的人先有自己对错误的思考，过一段时间，别人也许只需要轻声地提醒就可以改正自己的错误了。这也是我严格遵守的一个原则。不管对方犯什么样的错误，都必须等到他自己思考一会儿，时机成熟后，我再指出他的错误之处，这样他便会很快接受。"

管理者应该清楚，在员工犯了错时去指出他的错误，员工一般很难接受，因为他对自己的错误还没有完全地认识到。等到他慢慢意识到自己的错误，并感到愧疚时，管理者再稍加指正，员工就会轻松地接受并且改正。

心理学研究表明，接受别人对错误的指正最主要的心理障碍，是担心别人的批评指正伤害自己的面子，损害自己的利益。为此，在指正别人错误前要帮助他打消这个顾虑，这样才能让别人接受。打消顾虑比较好的方法是先让他的错误晾一会儿，在他反思的基础上再对他进行适当的指正。

美国内战期间，约瑟夫·胡克是一个英勇善战的将军，但他在伯恩赛德将军指挥兵团时，放任自己的雄心，尽自己的所能阻挠他。他在军事指挥和管理上，甚至有点独裁。林肯总统对待这样的一位将军当然得慎重指正他的错误，因为弄不好就会兵乱，对自己的国家无疑是一大灾难。于是他在等，让约瑟夫·胡克的错误先晾着。就当约瑟夫·胡克和伯恩赛德将军发生了巨大的矛盾，甚至兵戎相见时，林肯出手了。因为约瑟夫·胡克在这个时候已经认识到了自己的错误，但是碍于将军的身份一直羞于妥协，这时候林肯总统的一封信让他没有隐忧，与伯恩赛德将军在一次宴会上握手言和。林肯总统说出了约瑟夫·胡克的错误，并让他适当地改一下性格的冲动，做一名好将军。

林肯总统对待约瑟夫·胡克错误的处理方式是，让他在错误扩大并且自己有所反省时，再去指出来。这个鲁莽的将军接受了。而之于管理者，员工可比约瑟夫·胡克要好管理得多，如果管理者也将员工所犯的错误晾一会儿，员工一定能比约瑟夫·胡克要做得更好，很快地进行反思。

有意无意地给下属"露两手"

管理者要让手下的员工心服口服，有时候需要有意无意地"露两手"，自我表现一下。但自我表现并不一定都是好的，有积极与消极之分。两者的界限就在于自我表现的动机和分寸的把握。如果管理者单纯为了显示自己，压倒别人，争个人的风头，甚至做小动作，贬低别人，突出自己，这种表现就显得狭隘自私，易令人生厌，使自己成为众矢之的，那就没有什么积极意义可言了。

在交往中，任何人都希望能得到别人的肯定性评价，都在不自觉地强烈维护着自己的形象和尊严，如果对方过分地显示出高人一等的优越感，那么，在无形之中是对他自尊和自信的一种挑战与轻视，那种排斥心理乃至敌意也就不自觉地产生了。

自我表现最重要的守则便是掌握分寸，不要动不动就孔雀开屏，张扬自我，那样很容易激发别人羡慕和嫉妒的心态，不知不觉为自己树立了敌人。

有很多善于自我表现的人常常既"表现"了自己，又未露声色，他们与别人进行交谈时多用"我们"而很少用"我"，因为后者给人以距离感，而前者则使人觉得较亲切。要知道"我们"代表着"他也参加的意味"，往往使人产生一种"参与感"，还会在不知不觉中把意见相异的人划为同一立场，并按照自己的意向影响他人。

善于自我表现的人杜绝说话带"嗯""哦""啊"等停顿的习惯，这些词语可能被看作不愿开诚布公，也可能让人觉得是一种敷衍、傲慢的官僚习气，从而令人反感。

善于自我表现的人，从来都不会表现得特别优越。日常工作中不难发现这样的领导，其人虽然很有能力、思路敏捷、口若悬河，但一说话却令人感到狂妄，因此别人很难接受他的任何观点和建议。这种人多数都是因为喜欢表现自己，总想让别人知道自己很有能力，处处想显示自己的优越感，从而希望获得他人的敬佩和认可，结果却往往适得其反，失掉了在员工中的威信。

我们提倡适度的自我表现，表现出自己的重要性。真情流露就好，不需在任何地方、任何场合刻意伪装自己，只要你表现得自然，就有无限的魅力。矫揉造作、见风使舵、媚上欺下地伪装自己，会让人讨厌，反而让你失去最美好的东西。做一个真实的自己，做一个自然的管理者，消除内心的浮躁，尽情自然地表现自己，会更加受到员工的欢迎和尊重。

自然就是最好的自我表现。

提拔得当，冷落有度

古人云："天将降大任于斯人也，必先苦其心志，劳其筋骨，饿其体肤，空乏其身，行拂乱其所为，所以动心忍性，增益其所不能。"此意用现在的话讲，就是想提拔先坐冷板凳。明朝大学士张居正也用"器必试而后知其利钝，马必驾而后知其驽良"来说明人应该"试之以事，任之以事"，要考察干部的能、勤、绩，而以业绩为主。如果升迁太快，则无从考察。

在公司内部，老板有着至高无上的权力，他可以将欣赏的部下直接提拔到非常重要的岗位。但聪明的老板一般不会这样做。因为人才的成长是需要经历风雨洗礼、挫折锤炼的。

曾有一位老板，看准了一个很有潜质的员工，于是派他到销售科工作。不久提拔他为科长，让他分管一摊工作。他表现非常出色，销售业绩逐月上升，老板嘉奖过他，公司上下的人都看好他，以至没有人怀疑他会升职。可是老板却把他调到无关紧要的仓储部门工作。

人们认为他可能得罪了老板。可是，这位员工没有分辩什么，他自己也猜不出老板的意图，心中虽有些不快，但仍然任劳任怨、很负责任地工作。老板有时也和他谈谈工作情况。一年后，这个小伙子便坐到了部门经理的位置上。后来人们才明白，老板想重用他，一直在观察考验他，暗中观察他在被冷落时候的行为表现。

事实上，升迁太快，没有足够的积累知识和经验的时间，恰恰不利于人才的锻炼成长。一般来说，一个好的管理人才能够踏踏实实地在各个部门工作，有相当的经验，有协调沟通各类人际关系的熟练技巧，有处理应付各种复杂问题的知识和能力。

而晋升太快肯定不利于获取这些技巧、能力，难免顾此失彼，并不利于人才成长。同时，被大家视为上级特别厚爱的人，也容易招致大家的嫉妒、不满，这种风气甚至会蔓延到整个公司。不管这种心理平衡存在的程度如何，但毕竟会影响大家的士气，影响工作的正常进行。

而暂时冷落一段时间，尤其可以考察所要培养人员的德行、韧性。看他有没有事业心、责任心，是不是这山望着那山高，有心当官，无心干事。一个台阶上还没有站稳，就想"往上爬"，就会显得急功近利。歌穗曾说过这样一段话："只有两条路可以通往远大的目标，得以完成伟大的事业，即力量与坚忍。力量只属于少数得天独厚的人，但是坚忍，却艰涩而持久，能为最渺小的人所有。"

作为领导，要悉察下属在受冷落时受挫折的程度有多大，干劲如何，此时是想跳槽还是认识到自己非奋发图强不可。如果他这样认为："有时想想，这实在是最糟的时候。到底要不要离开公司呢？但是，一旦辞了职，又无处可去。我真怀疑人生还有什么值得努力的事。"这种心态说明他经不起挫折，常常是稍受挫折，便锐气全消，垂头丧气，也不善于总结经验教训，不善于思考与学习，也缺乏"好谋而成"的耐性和修养。忠告是，提拔悠着点，冷落也要有个"度"，有个过渡阶段更好。

给桀骜不驯的员工来点下马威

作为一个管理者，应该让下属对自己有所畏惧，因为这样能够使他们服从管理。有些自恃有一定专长，或自恃短期内很难有人替代自己的员工，往往难以管束，视企业规章如无物。对于这种员工，管理者一定要实施严格管理，让其知过而改。

汉高祖刘邦之所以能在楚汉争霸中胜出，就在于他善于管人，在信任手下的同时，还时不时地找出适当的借口对大臣施威，使下属有所畏惧。

一次，萧何向刘邦上奏，说由于长安都城人口增多，田地不够耕种，请求把上林苑的荒废空地拨给百姓开垦。哪知刘邦看了奏章以后，却怀疑他是有意讨好百姓，收买人心，便怒气冲冲地传令把萧何抓起来，关进大牢内。

几天以后，一名卫尉见刘邦心情比往日好些，便上前跪问："陛下，相国犯了什么大罪，被关进监狱？"刘邦说："朕听说李斯做秦始皇的丞相，凡有善行就归功皇上，有恶行就自己承担。可是萧何竟然私受商人的钱，为他们用我的上林苑去讨好百姓，收买人心。所以应该治他的罪。"

卫尉说："陛下，臣以为萧相国无罪。宰相的职责是为民兴利，萧相国请开垦上林苑荒地正是他应尽之责。陛下怎么怀疑他是收受贿赂讨好百姓呢？"其实刘邦当然知道萧何素来谦恭，只不过想找个借口打击他一下，显示一下自己的权力，并未真想治萧何的罪。但此心思怎好让人知道呢？刘邦听完卫尉的一席话，假装沉默了一会儿，便命派使者持节将萧何赦免出狱。

经过这一次牢狱之灾，萧何意识到了刘邦的无情，以后行事更加恭谨了。

从管理的角度讲，我们不能说刘邦做错了什么，因为等到手下掌起大权耍起"大牌"的时候，再去管恐怕也很难管得住了。

作为企业的管理者，也许每个人都希望拥有孙悟空那样的员工，因为他能为你披荆斩棘，让你的事业在激烈的市场竞争中始终技胜一筹。然而，如果孙悟空真的在你身边，你又不得不忧虑，因为他桀骜不驯，很难与其他员工和谐相处，又过于情绪化，偶尔再踢翻个炼丹炉，弄出一座火焰山，倒成了你前进的阻碍。像孙悟空这样同时具有惊人创造力与惊人破坏力的员工，既然舍不得他，那么该如何降伏他，让他乖乖听话呢？这个时候，对他进行适时的威慑，让他产生一些畏惧感，不失为一个好方法。

北京某名牌高校计算机专业毕业的林申苏具有非常强的专业技能，当初某知名 IT 公司也是看中了他的专业和才华才把他强力争取过来的。但是林申苏为人一向清高桀骜，自恃有着高于常人的才华，来到公司不久，就处处与自己的部门经理对着干。公司发现这种情况后，决定采取措施。恰好这时接到一个单子，要为某公司开发一套系统集成软件。这是一项非常艰巨的任务，因为涉及业务上的一个难题。当时公司就决定让林申苏作为核心成员来负责这个项目，部门经理帮他做一些相关的沟通和协调工作。

工作开始进行时，林申苏处处不把部门经理放在眼里，不仅不与他好好配合，还处处刁难。公司鉴于这种情况，决定给予林申苏一次严厉的警告，并把他从核心成员的位置上撤了下来，让该项目组的另一位成员来负责。至于林申苏，只能做一些辅助性的工作，并且必须严格服从项目负责人和部门经理的工作要求。

对此，林申苏非常不服，但又不想离开工作条件如此完善的公司，只能默默地听从公司的安排，气焰也随之消减了许多。部门经理把这一切都看在了眼里，主动约林申苏进行沟通。经过与部门经理的一番沟通，林申苏才意识到了自己的不对。公司人才济济，绝对不缺少他一个人才，之所以不把他辞掉，是念及他的才华。想到这里，林申苏有些后怕，幸亏公司只是给自己一个处罚而没有将自己辞掉，否则，就失去了一个难得的发展平台。

经过这次事件后，林申苏的工作态度开始谨慎、谦和起来，工作业绩也得到了很快的提升，不久后就开始独立负责公司的重要项目，为公司的发展做出了许多贡献。

每个管理者都希望有几个能干的下属，可以放心地把工作交给他们。但是总有一些有业绩、有能力的干将，自恃学历高、工作能力强，在管理者面前狂傲不羁，不遵守企业制度和纪律，甚至在公开场合顶撞管理者，戏谑其他同事。这些员工对企业的管理工作造成了很大的负面影响。

如何才能管理好桀骜不驯的能人，是每位管理者很费脑筋的问题。管理者太柔，则员工易骄，难以控制；管理者太强硬，则员工易怨，凝聚力不足。这个时候管理者可以借鉴刘邦治萧何的方法，不时地给他们一些下马威，让他们从心里对你产生一丝畏惧感，这样就可以让他们收敛一下。只有恩威并施，方能御人于股掌之中。

第四章

激励人心，
创造高效团队

对主动做事的员工，不要给他物质奖励

我们的生活中有时会发生这样的事情：一个小朋友对画画很感兴趣，自己在家时会很自觉很认真地画画，画得很投入、很开心。这时父母走了进来，为了表示对孩子的关心，说："孩子，只要你好好画，爸爸就奖励你10元钱。"结果导致孩子后来只为钱而画画，没有钱就不想再画画了。学校里，学生认真学习本来是天经地义的事，教师为了激发学生的积极性，经常发奖品，结果会发现没有奖品时，学生的学习积极性便大打折扣。

这说明，当一个人做某件事情时，给他提供奖励，结果反而会减少这件事情本身对他的内在吸引力。在某些时候，当外加报酬和内感报酬兼得，不但不会使工作的动机更明确、积极性更高，反而适得其反，这就是著名的"德西效应"。

"德西效应"给我们的启示是：在生活中，培养个人积极主动、持之以恒的兴趣和坚韧不拔的意志，仅靠物质刺激远远不够。虽然"重赏之下，必有勇夫"，但由物质刺激所激发的兴趣，在一定程度上是淡薄的，也是短暂的。正确的做法应该是：把物质奖励和精神奖励结合，后者为主，前者为辅。即使采用物质奖励，也不可过多过滥，而应恰到好处，因为"物无尽善，过则为灾"。

著名教育家苏霍姆林斯基说过："如果你只指望靠表面看得见的刺激来激发学生的兴趣，那就永远也培养不出学生对脑力劳动的真正热爱。要力求使学生亲自去发现兴趣的源泉，使他们在这种发现中感到自己付出劳

动并得到了进步。这本身就是一个最重要的兴趣来源。"

这种理论也可以运用到管理中，管理者在企业中要扮演的角色就是员工的"良师益友"，甚至是"大家长"的角色，所以这些教育方面的理论非常值得借鉴。尤其是在奖励方面，管理与教育同理。

一位青年女教师正在上公开课。这位老师非常懂得赞美在教学中的作用，每当学生答对了问题，她都会毫不吝啬地说："啊，真聪明！""非常了不起！""棒极了！"

下课后，老师们来到会议室开始评课。听课老师普遍认为这位老师的课上得很成功，对她通过表扬来调动学生积极性的行为更是大为赞赏。

这时，一位专家不紧不慢地说："我发现这位老师在表扬学生的语言策略上还有需要改进的地方。""是吗？"所有在场的人都露出了疑惑的神情。

专家说："心理学家赫洛克曾做过一个试验。他以106名四、五年级学生为被试对象，要他们用5天的时间练习难度相等的加法，每天练15分钟。他把这些被试者分为4个组，每天做完加法作业后分别对各个组的同学施以表扬、训斥、忽视等不同的刺激，结果发现受表扬组的成绩最好。可见，赞扬确实是沟通的'法宝'，只要给予鼓励，就能加强他们的良好行为，这一点是毋庸置疑的。可是别忘了，任何事情都有两面性，奖励也是一样，虽然奖励在总体上能够达到激励的效果，但如果不注意讲究策略，不但效果不佳，还可能对人造成心理伤害。"

西方还有一个有趣的"老祖母的原则"，即延迟奖励。意为：先乖乖吃完晚餐，然后才可以吃甜点。这个原则实际上是想说：一旦驱使你去做某件事的诱因消失之后，即使有再好的意向也难以实现，因为，谁都知道天下没有免费的午餐，太早得到的葡萄一定不够甜。

　　学生是一群青少年，员工是一群成年人，价值观和思考问题的方式可能会有很大差异，但人的天性是不会变的。教育界的德西理论完全可以"移植"到管理中，管理者要处理好内感报酬与外加报酬的关系，处理好精神鼓励与物质鼓励的关系，以避免产生德西效应。

用"拜托"来下达命令

蒂娜·菲是马克·吐温美国幽默奖最年轻的获奖者，作为一个天生的戏剧天才，她是骄傲的。然而令她骄傲的资本不仅限于此，她同时还是一位很有名的管理者。

她写过一部很有影响力的管理书籍《管家婆》(Bossy pants)，她说："作为一个老板，几乎永远不会走来走去、挥动手臂和高喊'我是老板！我是老板！'的口号。一个好老板就是要雇用一些有才能的人，然后就不再干涉他们按照自己的方式做事。"

一个企业的管理者，不能以"老板"自居。管理者在企业中，强调自己的"老板"地位实际上是在远离员工，让员工丧失了情感中的积极主动。管理者不以"老板"自居，走近员工，其实就是在赢得"民心"，为自己的管理铺平道路。

一次在美国田纳西州的州长选举中，兄弟二人双双出马竞选。哥哥以吻婴儿的微笑战术来扩大支持者；相反，弟弟却对于这些漂亮的姿势一概不采用。当他站在讲台上时，边摸着口袋边对听众说着："你们谁可以给我一支香烟？"

结果是弟弟大胜。

选民们因为政治家的平易近人、能向普通百姓要香烟而对他投以更多的支持。

能够跟大人物这么近乎地打交道，在普通人看来是一件很荣耀的事。领导者有时故意做出某个举动，把自己降到普通人的地位，甚至通过语言的印象让对方感到自己格外受尊重，这是借着立场的逆转挑起对方的虚荣心。

人往往有一种逆反心理，越是强硬的命令，越是不愿意服从。然而，同样是上司的命令，如果用"拜托"这句话来置换彼此的身份，人的逆反心理便会减少，常常不会感觉出这是命令。

比如，经理交给部属某件工作时，走到部属的桌旁，说："有一件事想拜托你……"

经理本来应该用命令的语气，却对部属称"拜托"，谦卑的措辞使得立场逆转过来。如此一来，部属便产生了干劲，更加专注于被委托的工作。这种办法很奏效。

言语，原本就带有社会功能。公司中的员工，常常对管理者有一种距离感，甚至持有某种抵触情绪，但管理者如果冠以"先生"来称呼员工，那么双方的情势便会扭转过来，使员工怀有优越感，对管理者充满尊敬和信赖。

这样一来，即使直接发布会招来抵抗的命令，也可以使员工感受到命令的人情味而去积极执行。

员工需要一个好的老板，但不是需要一个整天以"老板"姿态出现在自己面前的老板。所以，管理者为了有效地调动员工的积极性，让员工帮助自己成就大事，就要尽量将管理工作中的指挥、命令行为转化为更温和的方式。不要总是在员工面前端着一个"老板"的姿势，要听取他们的建议，这也是领导者低调做人和平易近人的表现。

管理者要做到在安排任务时语气缓和，不应让员工有被命令的感觉；在员工出现错误的时候，不盛气凌人，要尽量做到中肯有理；在平时也不要耍"老板"威风，要表现出谦和的姿态。

适当刺激，让"沙丁鱼"们都动起来

我们经常听到这样的论调：用人，用不着那些太有"想法"的人，本本分分就好；制度，用不着经常"创新"，"维持现状"就好。毕竟，"平平淡淡才是真"嘛！

平平淡淡，过日子还可以，但对企业来说，任何一种形式的"因循守旧"和"抱残守缺"都是致命的。

在这个科技高速发展的时代，世界变化之快可以用"日新月异"来形容。真的完全"没想法"，不用"动脑子"，只要"乖乖服从命令"就能干好的工作越来越少。就算有"想法"，也不能眼高手低、光说不练。多好的"想法"都需要靠踏踏实实的行动来落实。

一个企业的制度确实用不着天天创新。一个经过实践检验并被证明了是好的东西必须有一定的保鲜期，天天变会令员工不知所措，失去方向。但是，即使是一个被实践检验过，并被证明是正确的东西，随着时间、地点、人物、环境的变化，也会"时过境迁"，过了保质期。这个时候就一定要毫不犹豫地大胆创新，否则往往是死路一条。但很多企业制度明明已经过了保质期，却还会固执地"抱残守缺"，用"稳定压倒一切""维持现状就是进步"作为借口，拒绝变革与创新。

在现实生活中，真正能够维持得住"现状"的企业少之又少。鲁迅先生曾说过："沉默啊，沉默啊，不在沉默中爆发，就在沉默中灭亡。"企业如果不经常找点"刺激"，拒绝变革，就只能在沉默中灭亡。

挪威人爱吃沙丁鱼，不少渔民都以捕捞沙丁鱼为生。由于沙丁鱼只有活的才鲜嫩可口，所以渔民出海捕捞到的沙丁鱼，如果抵港时还活着，卖价要比死鱼高出好多倍。但是沙丁鱼总是还没到达岸边就已经口吐白沫，渔民们想了无数的办法，想让沙丁鱼活着上岸，但都失败了。然而，有一条渔船总能带着活鱼上岸，他们带来的活鱼自然比死鱼的价格贵好几倍。

原来，他们在沙丁鱼槽里放进了鲇鱼，鲇鱼是沙丁鱼的天敌，当鱼槽里同时放有沙丁鱼和鲇鱼时，鲇鱼出于天性会不断地追逐沙丁鱼。在鲇鱼的追逐下，沙丁鱼拼命游动，激发了其内部的活力，从而活了下来。

这就是"鲇鱼效应"的由来。"鲇鱼效应"的道理非常简单，无非就是人们通过引入外界的竞争者来激活内部的活力。如果一个组织内部缺乏活力，效率低下，那么不妨引入一些"鲇鱼"来，让它搅乱平静的水面，让"沙丁鱼"们都动起来。"鲇鱼效应"在组织人力资源管理上的有效运用，会带来出乎意料的效果。

本田汽车公司的总裁本田宗一郎就曾面临这样一个问题：公司里东游西荡的员工太多，人浮于事，严重拖了企业的后腿。可是全把他们开除也不妥当，一方面会受到工会方面的压力，另一方面企业也会蒙受损失，这让他大伤脑筋。他的得力助手、副总裁宫泽就给他讲了沙丁鱼的故事。

本田听完了宫泽的故事，豁然开朗，连声称赞：这是个好办法。宫泽最后补充说："其实人也一样。一个公司如果人员长期固定不变，就会缺乏新鲜感和活力，容易养成惰性，缺乏竞争力，只有外有压力，内有竞争气氛，员工才会有紧迫感，才能激发进取心，企业才有活力。"本田深表赞同，他决定去找一些外来的"鲇鱼"加入公司的员工队伍，以制造一种紧张气氛，发挥出"鲇鱼效应"。

说到做到，本田马上着手进行人事方面的改革。特别是销售部经理的观念离公司的精神相距太远，而且他的守旧思想已经严重影响了他的下属，因此，必须找一条"鲇鱼"来，尽早打破销售部只会维持现状的沉闷气氛，否则公司的发展将会受到严重影响。

经过周密的计划和努力，本田宗一郎终于把松和公司的销售部副经理，年仅35岁的武太郎挖了过来。武太郎接任本田公司销售部经理后，首先制定了本田公司的营销法则，对原有市场进行分类研究，制定了开拓新市场的详细计划和明确的奖惩办法，并把销售部的组织结构进行了调整，使其符合现代市场的要求。

武太郎上任一段时间后，凭着自己丰富的市场营销经验和过人的学识，以及惊人的毅力和工作热情，受到了销售部全体员工的好评，员工的工作热情被极大地调动起来，活力大为增强。公司的销售出现了转机，月销售额直线上升，公司在欧美及亚洲市场的知名度不断提高。

本田深为自己有效地利用"鲇鱼效应"而得意。从此，本田公司每年都重点从外部"中途聘用"一些精干利索、思维敏捷的30岁左右的生力军，有时甚至聘请常务董事一级的"大鲇鱼"，这样一来，公司上下的"沙丁鱼"都有了触电式的感觉。

当压力存在时，为了更好地生存发展下去，承受压力的人必然会比其他人更用功，而越用功，跑得就越快。适当的竞争犹如催化剂，可以最大限度地激发人们体内的潜力。

一个单位或部门，如果人员长期固定，彼此太熟悉，就容易产生惰性，削弱组织的活力。这时，如果能从外部招聘到个别"鲇鱼"，他们就能以崭新的面貌对原有部门产生强烈的冲击。同时，他们可以很好地刺激其他员工的竞争意识，让员工克服安于现状、不思进取的惰性。

因此，要想激励人心，调动现有员工的积极性，提高企业的管理和技术水平，最好的办法就是招聘好动的"鲇鱼"。

拿主意滋生懒惰，出主意激发主动

许多管理者，有的可能是出于"身先士卒"的心理，有的仅仅是为了显示自己"就是比别人强"，总是喜欢替下属想办法，拿主意。没错，不是"出"主意，而是"拿"主意。别小看这一字之差，它们的含义可是大有不同。"出"主意是帮助员工想办法，目的是"启发"员工的思路，用的是商量的口气，比如："这事儿这样做是不是更好一些？你不妨往这儿想一下，也许也是一个思路呢？"而"拿"主意，则是"替"员工想办法，做决定。已经没有员工什么事儿，基本上全是领导一个人的"戏"了。

有一个领导认为自己是一个脑子"转得快"的人，属于那种"灵机一动，计上心来"的主。因此，每当他向下属员工交代工作，或员工遇到困难找到他的时候，他总是"情不自禁"地将自己的主意"和盘托出"，而且还会针对他能够想到的所有细节一一做出详细"指示"。所以，跟着这样一位"好为人师"的领导做事，员工工作起来分外轻松，这位领导也因此在员工中颇有一些人气。

但时间一长，他发现了一个严重的问题：下属员工找他"问计"的次数实在是过于频繁，有事就来问，几乎完全丧失了"主动思考"的能力，这让他疲于应付。经过一段时间的观察和反思，他终于弄明白了一个道理：与其直接把办法告诉员工，不如"启发"他们自己寻找办法，"授人以鱼不如授人以渔"。

从此，他横下一条心，哪怕员工把某些事情"搞砸"，也要强迫他们自己想办法，自己主动地做事。而他则做好当一段时间"甩手掌柜"的心理准备。

自那以后，每当再有员工找到他问计时，这位决定"洗心革面"的领导总是对他们说："对不起，我脑子里一片空白，真的不知道该怎么做。但我相信你一定比我聪明，我给你一个晚上的时间，相信到明天上午你肯定能够想出十个办法来。我唯一要做的事情，就是从这十个办法里挑一个出来交给你去执行。"

如此"不负责任"了一段时间后，他的员工逐渐摆脱了对领导的依赖，遇到问题可以自己动脑筋想办法了。员工们自己也很兴奋，很有成就感。随着自我感觉越来越良好，他们也逐渐变得"意气风发"，状态十足。

对此，这位领导是"看在眼里，喜在心头"。虽然员工们在工作中依然存在着这样那样的不足，但为了维护他们的信心，他总是尽量小心翼翼地帮助他们矫正，在他们身边做做"打下手"的工作。

虽说他的角色从"主角"变到了"配角"，但他一点都不觉得失落，因为突然间从"忙人"变成了"闲人"，他十分乐得利用这难得的闲暇去做更多的观察、更多的思考、更多的"细节"管理。

帮助员工出出主意，会让员工感受到领导对自己的重视和培养，会调动员工的积极性。帮员工拿主意，会让其失去主动工作的意识，以后遇到困难，员工首先想到的是找领导，失去了主动思考的积极性。实际上，逼员工自己想办法也是一种育人之术。而育人是管理者义不容辞的责任，它本身就是一项重要的工作。一个不想育人、不会育人的管理者绝对是一个不称职的管理者。

其实，许多管理者之所以不想让下属抢了自己的风头，是因为没有享受过育人的快乐——看着自己花心思培养出来的人在舞台上大放异彩，那种成就感，有时比自己在舞台上出彩还要令人兴奋。

明确责任，给员工处理的主动权

为什么在很多公司中，上司们总是没有足够的时间应付工作，同时，他们的下属却没有足够的工作去打发时间？原因就是公司角色错位，上司承担了员工的工作任务，上司们背负了下属甩出的责任。当下属把工作推给上司，也就是所谓的"在其位，未谋其政"。借口也就由此开始落地生根了。

某公司，某日，陈主管走进办公室时，下属小梁向他打招呼："早上好，主管！我们遇到一个问题。你看看……"得知事件的由来后，陈主管又再次将自己置身于这样一个熟悉的处境——他成为问题的知情人，他有责任处理这个事件，但他没有足够的资料为小梁即时做决定。最后，他回答："十分高兴，你让我得知这件事情，但我现在赶着处理另一件事务。让我想想，想到方法后，我将会通知你。"小梁为了确保主管不会忘记这件事，经常将头探进主管办公室，向其地询问："怎么样了？"

威廉·安肯三世和唐纳德.L.沃斯曾在《哈佛商业评论》上撰文，以"在背上的猴子"的隐喻来分析和案例中类似的事件。主管与下属碰面前，这只"猴子"伏在下属的背上，但两人相谈后，下属成功地让背上的猴子跳到了主管的背上。猴子会一直伏在主管的背上，直至主管将它交回所属的拥有者。当主管接受这只猴子时，他承担了两件原为下属应有的职责：第一，他被下属分派了工作；第二，他被该下属监督，需向下属报告事情进度。因此，他便无言地认同了比他的下属还低的职位，而那些用以处理这只猴子的时间被称为"部属占用的时间"。

角色错位往往是因为上下属责任不明造成的。上下属责任不明确，管理者和下属都在以自我为中心，没有以公司利益为导向。因此，上下属间相互推卸责任，相互扯皮，带来了从上至下的借口。

上司怀抱着这么多"猴子"，因为员工没有处理的主动权，上司的工作变得琐碎，而员工却浑浑噩噩。上司统揽一切，员工就只需把指头指向老板，"不知道，问我们领导"，"不会，我去找领导"。

同时，上司背负着太多"猴子"，工作量加大。如果上司意识不到这是由于自身角色错位造成的，其心态就会失衡。在这种情况下，他会觉得自己每天做这么多的工作，辛辛苦苦，任劳任怨，到头来上级还不满意，下属还不理解，委屈得不得了。受了委屈之后，就会带着情绪工作，要么灰心懈怠，心想既然这么辛苦也得不到认可，还不如不干。因此，为了逃避更多的责任，他也会选择借口。

因此，企业要想激励员工，从上至下没有"借口症"，就需要明确各级员工的责任。概括来说，管理者的主要职责是正确领会高层的指示精神，创造性地结合本部门的工作实际，有效指挥和监督下属开展工作，保证完成上级下达的各项计划和指令。

普通执行者的职责就是在上级的领导和安排下，具体执行任务过程和细节，保证任务按时按质按量地完成。

责任明确才能保证没有借口地执行到位。在此基础上，管理者首先要懂得授权。一个管理者或许只能用30%或者更少的精力投入一件事，而授权给员工则意味着100%的精力投入。员工100%的精力，与你30%以下的精力相比，谁能做得更好，可想而知。授权并不是说什么都不管，而是让管理者从事务性、常规性的工作中解脱出来，有更多的时间与精力关注、开拓新的领域，构思企业未来的发展战略。

充分授权的同时，管理者还应该了解下属工作的进展情况，对被授权者的工作不断进行检查，掌握工作进展信息，或要求被授权者及时反馈工作进展情况，对偏离目标的行为要及时进行引导和纠正。

另外，管理者要尽量把行动的主动权还给下属，并使下属始终保持这种主动权。作为一个管理者，要注意一点：在发掘下属的主动性之前，必须保证下属具有一定的工作空间和自由。一旦管理者把这种主动性还回去了，自己就可以有更多的自由支配时间了。

赵蕊是一名设计师，供职的是一家大型建筑设计公司。该公司要求设计既要考虑到顾客的要求，也要考虑到施工方的能力，还要考虑到设计者的个性。在工作中，赵蕊的老总要求每一位设计人员对自己的作品负责，不要把问题推给任何人。

有一次，老板要赵蕊为一名客户做一个写字楼的可行性设计方案，时间只有三天，客户的要求很挑剔，但老板只说了一句"所有的事都交给你了"，就转身离开了。

接到任务后，赵蕊看完现场，就开始工作了。三天时间里，她都在一种异常兴奋的状态下度过。她跑工场、看现场，光楼梯就爬了25层，为老板的要求修改工程细节，异常辛苦，但赵蕊毫无怨言。能得到老板的信任，可以自由地实现自己的设计理念，这使赵蕊不但不感到委屈，反而挺自豪。她寝不安席，食不甘味，满脑子都想着如何把这个方案弄好。她到处查资料，虚心向别人请教。

三天后，她带着布满血丝的眼睛把设计方案交给了客户，得到了客户的肯定。客户当着老板的面称赞了赵蕊，说她表现很卓越，设计水平一流。

赵蕊后来对老板说："关键是你的信任和授权让我们都有做事的冲动，你的管理很到位。"

老板也对赵蕊说："如果你不能完成任务，我也许就要把你辞掉了，但是你做到了。"

作为员工，工作中遇到林林总总的问题时，职责所在，不要想着逃避，不要依赖他人的意见，要敢于做出自己的判断。对于自己能够判断，而又是本职范围内的事情，大胆地去拿主意，不必全部禀明老板。否则，只会显得你工作无能，也显得上级领导无方。

当上下属角色定位准确，职责分明，整个企业的忙碌才能形成一个有序的生产流程，企业才能避免借口文化的滋生和繁衍。

激发员工的业绩意识

做任何事都要抓根本、抓关键，提升员工的主观能动性，让他们自发地努力工作也一样。员工参加工作，务实点的说法是为了赚钱，崇高点的说法是为了自我实现。不管是为了这两点中的哪一点，都跟业绩密切相关，所以"业绩"就是根本、就是关键。

管理者要激发员工的业绩提升意识，让员工知道"业绩才是硬道理"，没有业绩，再多的辛苦也只是徒劳。使员工在这种业绩意识的引领下，积极工作，主动寻找各种方法提升自己的业绩，为企业创收。

IBM是一个积极倡导"业绩管理"的企业。IBM每个员工工资的涨幅大小，都是以是否完成个人业务承诺计划为参考依据的。每年年末，员工和直属经理就要坐下来共同商讨下一年的个人业务承诺计划的制订标准，并在修改后，让员工签上自己的名字。这就相当于向公司立下了一个为期一年的"军令状"，促使IBM的每个员工都为了实现这个目标而努力。这种个人业务计划是面向所有人的，所有人都必须遵守这个规则，不允许任何人搞特殊。

不仅要努力做事，更要做成事！联想集团有个很有名的理念："不重过程重结果，不重苦劳重功劳。"这充分说明了企业管理中业绩的重要性。现代企业面临的是激烈严酷的市场竞争，企业奉行"不看苦劳看功劳""业绩才是硬道理"的理念，迫使员工一鼓作气将工作进行到底，让他们明白只有拿出业绩，才能真正为企业创造出效益。

那么，对于企业而言，如何让员工拥有业绩提升意识呢？

1．用关怀唤起员工的工作积极性

对企业管理者来说，管人不难，真正难的是管心。只有真正打动员工的心，才能调动员工的工作积极性。因此，企业不妨适时给员工一些关爱，让员工切实体会到领导对他的关注，加深他对企业的感情，这样能够有效地提升其工作积极性，为创造高业绩助力。

2．实施奖优政策

在恰当的时候，符合员工急切需要的奖励不仅能够打动员工的心，使其对企业心存感激，更重要的是能够提高员工的工作力，激发其工作积极性，从而创造高业绩，为企业创造出巨大的财富。

3．积极挖掘人才的内在潜能

优秀人才比比皆是，管理者要有一双慧眼，将这些人才识别出来，并对其委以重任，充分发掘其潜在的能量，从而为企业的发展贡献力量。

4．适当给员工一些权力

管理者用人只给职不给权，事无巨细都由自己定调、拍板，这实际上是对员工的不尊重、不信任。这样，不仅使员工失去了承担责任的责任心，还会严重挫伤他们的积极性，难以做到尽职尽力。所以，作为管理者，应该放手让员工施展才华，只有这样才能充分调动起员工的积极性，提升他们的工作业绩。

这是一个凭实力说话的年代，这是一个以业绩论英雄的时代，时代的特征要求企业管理者在管理中要向员工灌输业绩提升意识，让员工明白"业绩才是硬道理"，全方位地激发员工潜在的能力。

把初来乍到的员工赶到丛林底层去

能力与回报相匹配是一种理想的企业分配，越是能够给企业创造价值的人，越是应该得到企业的重用，这是中西方都认可的原理。但是东方和西方在个人为企业创造的价值上，有不同的看法：西方管理者更看重实际的业绩，反映在公司的收入上；但是东方人会考虑人际关系、社会影响等很多"软价值"，加上人情世故，东方的企业也是一个复杂的社会关系网络。

《资治通鉴》中记载了赵括纸上谈兵的故事。

赵括之所以能够得到带兵出征的机会，一方面是因为他的父亲赵奢的威信，另一方面是因为廉颇的以守为攻不符合赵王的心意。就在众位大臣的推崇声和赵括本人的自荐声中，赵王将40万大军交给了这个没有打过一次仗的年轻小伙子手中。结果，赵括全军覆没，使得赵国元气大伤。

赵括的声望虽然符合大将军的身份，但是欠缺经验，让他领兵打仗，明显是待遇过高了。如何让员工的待遇与他的能力相匹配，既让员工满意又让企业获利？这本账应该由领导来算好。

无论是失败者、庸人，还是对手，都可以为企业所用，关键是要把他们安插在合适的位置上。我们不妨来看一看《西游记》中的唐僧团队的组合。

唐僧是领导，孙悟空是业务骨干，猪八戒虽懒，也算得上是团队的互动主力，沙和尚任劳任怨负责后勤，白龙马当坐骑算是最基层的员工。唐僧团队最成功的地方在于个人目标与组织目标完全一致，领导人对下属的制约除个人魅力外，还有有效的规章制度——孙悟空的紧箍咒，还有一个持久固定的盟友观音。在取回真经之后，唐僧被封为旃檀功德佛，孙悟空被封为斗战胜佛，猪八戒被封为净坛使者，沙僧被封为金身罗汉，白龙马被封为八部天龙。团队成员的努力都得到了相应的回报，可谓功德圆满。

但是不同的人对自己的工作有不同的期许，其中也不乏妄自菲薄者和自视清高的人，他们在个性上有差异，也有共性。一般说来，员工都希望别人因他有价值而"欢迎"他去工作，而非因同情而施舍赏给他一碗饭吃；希望接受简单、明确而合理的指示，告诉他应做些什么、如何去做，以及做到何种程度才算做好；喜欢在他所尊敬及信任的人底下做事，不喜欢在他认为无能的人底下做事；喜欢别人承认他的工作表现及贡献，不喜欢不管是否努力工作及是否有所贡献，都获得相同的待遇；希望身心健康地工作下去，所以重视带薪放假、健康检查、医疗服务、安全措施、员工顾问等福利措施。

抓住他们的共性，也要区别出他们的个性和潜能的大小。管理学中的"蘑菇定律"是非常适用于组织对待职场新人的一种管理方法。职场新人被分配到不受重视的部门，或被安排做打杂跑腿的工作，像他们自己所说的，"吃的是杂粮，干的是杂活，做的是杂人"，而且经常代人受过，受到无端的批评、指责，缺少必要的重视、指导和提携。这是职业生涯中的最初"蘑菇期"，度过了这段蘑菇期，他们就能自主地接受阳光，感受到自己的存在了。不能熬过"蘑菇期"的人，从某种程度来说也是能力上有所欠缺的人。不管怎样的员工，先把他们赶到阴暗潮湿的丛林底层去，渐渐地，表现突出的人就会突显出来，而那些表现一般的人，也会从磨炼中比较出自己与别人的差距，渐渐"随遇而安"。

在执行"蘑菇定律"的时候，还有一点值得借鉴的就是，"让B级人做A级事"，来自外在的压力，往往能激发出员工的潜力。

领导自信起来，下属才会看到曙光

很多管理者会羡慕那些大企业家的胆识，他们能够破釜沉舟地去实行一个决策，不为外界的非议所动摇，最后企业都会有一个质的飞跃。

劳伦斯在创业之初，全部家当只有一台分期付款赊来的爆米花机，价值 50 美元。第二次世界大战结束后，劳伦斯做生意赚了点钱，便决定从事地皮生意。无疑，劳伦斯的这一决定是正确的，而且取得了巨大成功，而这一目标的确定，就是基于他对自己的市场需求预测充满信心。

当时，在美国从事地皮生意的人并不多，因为战后人们一般都比较穷，买地皮修房子、建商店、盖厂房的人很少，地皮的价格也很低。当亲朋好友听说劳伦斯要做地皮生意时，异口同声地反对。而劳伦斯却坚持己见，他认为反对他的人目光短浅。他认为虽然连年的战争使美国的经济很不景气，但美国是战胜国，它的经济会很快进入大发展时期。到那时买地皮的人一定会增多，地皮的价格会暴涨。于是，劳伦斯用手头的全部资金再加一部分贷款在市郊买下很大的一片荒地。这片土地由于地势低洼，不适宜耕种，所以很少有人问津。可是劳伦斯亲自观察了之后，还是决定买下了这片荒地。他的预测是，美国经济很快会繁荣起来，城市人口会日益增多，市区将会不断扩大，必然向郊区延伸。在不远的将来，这片土地一定会变成黄金地段。

后来的事实正如劳伦斯所料。不出三年，城市人口剧增，市区迅速发展，大马路一直修到劳伦斯买的土地的边上。这时，人们才发现，这片土地周围风景宜人，是人们夏日避暑的好地方。于是，这片土地价格倍增，许多商人竞相出高价购买。但劳伦斯不为眼前的利益所惑，他还有更长远的打算。后来，劳伦斯在自己这片土地上盖起了一座汽车旅馆，命名为"假日旅馆"。由于它的地理位置好，舒适方便，开业后，顾客盈门，生意兴隆。

从此以后，劳伦斯的生意越做越大，他的假日旅馆逐步遍及世界各地。

劳伦斯的胆识是源自他对自己判断的自信，劳伦斯的成功是因为由自信而来的胆识。管理者在劳伦斯身上应该能够明白，为什么一个疯狂的决策会让一个企业兴盛然后伟大。这就是自信而成的胆识，要具备这样的胆识，就要先学会自信。管理者有了胆识，即使在危难时期，企业依旧能够看到曙光。

乔·史密斯一开始是经营一家颇具规模的证券公司，他在公司里的职务是投资咨询部办事员。不久，朋友告诉他有一家公司正在征聘年轻上进的财务经理。这家公司的名称是美国地理勘察公司，是一家石油勘探公司。乔听说之后，便前往应征，因为他认为这家公司可以让他进一步学到许多有关财务经营方面的东西，而且自己非常有能力干好它。于是他进了这家公司，数年的工作中他的表现都不错，但是他觉得能学的也学得差不多了，他的自信又涌了上来，他觉得自己在证券行业的能量积蓄太久，就要爆发了。于是，一咬牙，他又回到早先的那家证券公司工作并等待机会。

最后，机会终于被他等到了，一名资深职员即将退休，这个人拥有8个相当有实力的客户，欲以5万美元出让。这对乔来说是相当大的赌注，5万美元相当于他的全部财产，若此举失败，他将变得一贫如洗。而且这些客户顶下来之后，能不能留住还是问题。这时乔再一次面对重大抉择。

最后，他一心想自立门户的雄心战胜了一切，他接下了这 8 名客户，而客户们只愿意留下观察一段时间。

两年的时间很快就过去了，乔几乎每天都在为员工薪金及管理费用忙得焦头烂额，有时候，他连自己的薪金都拿不出来。两年期间，公司便是在这种拮据的情形下惨淡经营着，虽然如此，公司要求的服务品质并未降低，反而愈来愈高。熬到第三年，终于苦尽甘来，公司业务开始蒸蒸日上，客户也有显著增加，乔自立的梦想终于实现了。现在，他已经是一家投资咨询公司的总裁，而他的投资咨询公司已拥有将近 1 亿美元的效益。

乔·史密斯自始至终都是自信的，一开始的自信让他有胆识去跳槽，积蓄了很多的能量；后来的自信让他重回本行，重新出发，有足够的胆识去对待创业的危机，也让自己有足够的胆识面对长达两年的企业缓冲。

对于管理者来说，自信尤其重要，胆识源于自信，发展源于胆识。

超过预期的满足会让员工更努力

现今，许多员工对企业的"人身依附"心理已经大大减弱。在联想公司，许多员工喊出的"公司不是我的家"这句话已经深入人心，为广大的打工一族所普遍接受。付出就要求回报，这并不过分。而从公司的角度出发，付出薪酬的前提，是要求员工为公司做出相应的贡献。在公司和员工既"相互依赖"又"相互争斗"的博弈中，最直接的表现形式就是薪酬。

其实，薪酬是员工与企业之间博弈的对象，这一博弈的过程与"囚徒困境"很相似。由于员工和企业很难有真正的相互认同，双方始终在考察对方而后决定自己的行为。员工考虑：拿这样的薪酬，是否值得付出额外的努力？企业又不是自己的，老板会了解、认同自己的努力吗？公司会用回报来承认自己的努力付出吗？公司方面考虑：员工的能力是否能胜任现在的工作？给员工的薪酬待遇是否物有所值？员工是否会对公司保持持续的忠诚？

有一个这样的管理故事：

一个企业经营者某次跟朋友闲聊时抱怨说："我的秘书李丽来两个月了，什么活都不干，还整天跟我抱怨工资太低，吵着要走，烦死人了。我得给她点颜色瞧瞧。"朋友说："那就如她所愿——炒了她呗！"企业经营者说："好，那我明天就让她走。""不！"朋友说，"那太便宜她了，应该明天就给她涨工资，翻倍，过一个月之后再炒了她。"企业经营者问："既然要她走，为什么还要多给她一个月的薪水，而且是双倍的薪水？"朋友解释说："如果现在让她走，她只不过是失去了一份普通的工作，她马上可以在就业市场上再找一份同样薪水的工作。一个月之后让她走，她丢掉的可是一份很长时间内也难以找到的高薪工作。你不是想报复她吗？那就先给她加薪吧。"

一个月之后，该企业经营者开始欣赏李丽的工作，尽管她拿了双倍的工资。因为她的工作态度和工作成果和一个月之前相比已是天壤之别。于是这个经营者并没有像当初说的那样炒掉她，而是重用了她。

从这个企业经营者的角度看，他可以说是运用博弈的理论，通过增加薪酬使员工发挥出实力。如果当初他就把李丽炒掉，这势必给双方都带来一定的不利，而经过这样的博弈，双方实现了共赢。

但如果从公司的管理角度看，这个故事说明了一个现象：许多员工在工作中，经常不断地在衡量自己的得失，如果认为企业能够提供满足或超过他个人付出的收益，他才会安心、努力地工作，充分发挥个人的主观能动性，把自己当作企业的主人。但是，很难判断、衡量一个人是否有能力完成工作，是否能够在得到高薪酬后，实现老板期待的工作成绩。老板经常会面临决策的风险。

由于员工和企业都无法完全地信任对方，因此就出现了"囚徒困境"一样的博弈过程。企业只有制定一个合理、完善、相对科学的管理机制，使员工能够获取应得的报酬，或让员工相信他能够获得应得的报酬，员工才能心甘情愿地努力工作，从而实现企业和员工的双赢结局。

没有缺乏斗志的人，只有动力不足的人

管理学上有一种"天花板"现象，是说一些人才想顺着职业生涯发展阶梯慢慢往上攀升，当快要接近顶端时，自然而然就会感觉到一层看不见的障碍阻隔在他们面前，所以他们的职位往往只能爬到某一阶段就很难再继续上去了。这样的情况就是所谓的玻璃天花板的障碍。

在现代职场中，"天花板"现象也时有发生。我们经常会听说，某某在外企发展得很好，但还是跳槽了，为什么？很可能就是触到了天花板。

从企业角度来说，人才的频繁流动对企业的内部管理会造成很大的压力。要想稳定人心，提高员工对企业的忠诚度，就要完善管理机制。内部管理机制不完善，必然会影响人才的稳定性。联想公司深知稳定的人才对组织的重要性，于是公司在员工的发展前景方面，就提供了一个"没有天花板的舞台"。

联想公司将人才训练比喻为蓄水池：第一个是从社会和学校招聘，联想把这个作为蓄水池，为将来后备人才做准备。联想的研发人员都是直接从学校招进来的，员工的平均年龄不到 30 岁，这也是技术型公司的特点，因为它需要创造力、全身心的投入和工作的激情。

另外还有两个水池，一个是员工职业训练，另一个就是干部行政训练。联想的人力资源会对每个岗位和人才进行充分评估，即一个岗位到底需要什么样的能力，要求是什么，这个岗位的核心能力是什么，人才与岗位是否完成匹配，是否做到人尽其才。针对技术人员流动比较大的特点，联想进行的是职业训练。

联想的措施是根据企业需求，做了六七个等级的序列，然后开始评估，以解决技术人员流动较大的问题。这样一来，员工就清楚地明白：如果我不走，不仅会有可观的收入，还有较好的发展平台。因此，有些专家工程师的收入比经理还高。

干部训练是根据岗位的需求，评估现有干部，对干部单独排序，必须分三六九等，要建立干部选拔、任免的标准。干部也好，员工也好，都有自己的发展空间。

另外，联想公司还在研发职称序列的基础上，全面启动专业序列，启动轮岗工程，建立多种发展途径；能上能下的用人机制，帮助职业上遇到瓶颈的员工找到新的发展道路，让积极奋进的员工有畅通的发展空间；多元化的薪酬制度，优化员工的收入结构，保证员工整体收入的行业竞争力。

公正、合理的人员安排是保留优秀人才的关键。联想以强化干部建班子、带队伍的责任和能力，严格评估其管理绩效。建立并严格执行淘汰机制能保障联想永远拥有和保持业界一流的人才。

因此，联想给员工的发展前景，被称作是"没有天花板的舞台"。在联想，只要有能力，年龄绝对不是障碍。据统计，近几年进入联想的应届毕业生中，有10％的人已经进入到管理岗位，还有20％的人被公司评为中级以上技术职称。

联想的不少高级主管都是在几年内提拔起来的，有的甚至一年连升三级，越来越多的年轻人正活跃在新经济的舞台上，联想的年轻不得不令人惊讶，其高级主管的简历资料便是一个最好的证明。

因此，优秀的管理者不只是承诺公司或团队目标的达成，同时也要愿意协助每一个成员目标理想的实现，给他们一个实现目标的空间和机会。让团队的目标理想与员工的目标相联结，创造双赢的新境界。

第五章

温暖人心，
下属才会真心拥护你

巴结群众，重用自己

管理者最忌讳的就是跟自己的员工有距离，这个距离是指心理上的。能够跟员工打成一片的管理者，才能构建出最好的团队，用冯仑的话说，就是"巴结群众"。这里的巴结，自然是一种略带夸张的说法，事实上，只需要跟他们做朋友，让他们感觉到温暖就可以了。

征服自己比征服别人更重要。古语有云："人必自强而后强人。"你先得把自己当块料，把自己放在一个正确的位置上，让自己有一个好的角色定位，才能真正成为一块好料。

"我记得我硕士毕业时，和很多领导一起吃饭，多数学生都说感谢老师，说自己真不容易终于毕业了，我当时喝多了酒，说应该是'巴结群众、重用自己'，当时领导们不高兴了，说这么多领导你巴结群众，其实我那时候才25岁，但我真是这么想的。你说巴结领导，机关里的领导就那么几个，所有人都在巴结，大家在竞争中会互相踩，而且你也没有竞争优势。你要巴结领导，就要把自己糟践得更厉害，领导才有面子。反过来我巴结群众，我要求做前排观众，就有机会变成小领导。如果有20个群众，你在他们心中都很有威信，最后领导就得巴结你。因为如果没有群众支持，领导就没得吃，每个群众给你一口你就饿不死，如果巴结领导而领导不待见你，你就饿死了。"

冯仑就是这样的一个人，他很有亲和力，即使面对一个普通的员工，也不会有高高在上的感觉。但是在制定公司的战略方面，他又是自信的，甚至是不容置疑的，因为他对自己有足够的自信，也有足够的经验来支撑这份自信。

这就是一个管理者应该有的素质了。低姿态，可以让自己融入团队，这样就能及时发现团队中存在的问题，了解员工们的真实想法。之后，就可以制定具体的措施，让团队更加有凝聚力，更加有效率。如果跟员工距离较远，不知道他们的真实想法，甚至员工都不敢跟你说出自己的真实想法，那么又谈何发现团队中的问题呢？

但在决策的时候却不一样，团队要有一个和谐温馨的氛围，也要有尊重领导、执行领导意图的能力，只有这样才有效率可言。如果一个领导为了跟员工拉近距离，不仅放低自己的姿态，在决策上也听取每个人的意见，那么往往就会因为决策时间过长而错失良机。总之，员工的意见要参考，但不能凌驾于自己的判断之上，主次之分还是要有的。

管理者要保持心理上的优势，让员工信服自己。同时，也要保持姿态上的优雅，让员工乐于跟自己接近，愿意和自己交朋友。这样的团队，才是最积极向上，也最融洽的团队。

做人要自强，要自信，要相信自己的能力。但不能自大，不能过于狂妄。要明白，我们充实自己，看重自己，是为了获得认同感，是为了取得成就，实现自我，不是为了证明自己比别人强。如果觉得想要显示自己厉害，就得拼命贬低别人，那就大错特错了。而事实上，有很多管理者确实是这样的，对普通员工不够尊重，没有平等的意识。要明白，团队之间，人格是平等的。决定位置差异的，是一个人的能力和经验。在涉及能力和经验的时候，要强势，但不涉及这方面的时候，则要给别人尊重。只有这样，团队间才会有温馨、和谐而又向上的氛围。

优待那些经常吃亏的员工

在企业管理当中，管理者经常会遇到一个令人挠头的难题：如果"责权"不清，那么"事"谁都不管；把"责权"分清了，又变得"各顾各"，谁也不管谁。

比如一个公司的"卫生区"不分，那么根本没人管打扫卫生的事；分了卫生区，又变成"各扫门前雪"，各自干完自己那点活就算完事了，哪怕有人在别人的卫生区随地乱扔垃圾也不管，那不是我的卫生区，凭什么我管。

其实，任何一种高质量的管理，都是讲究"既有分工，又有合作"的。但是，在现实企业管理中，却会经常出现"分工"与"合作"不能两立的尴尬局面。

尽管不肯合作的人们有各种各样的理由，甚至有的员工理直气壮地摆出"我不想惯别人的坏毛病"的"高姿态"。但其实不愿意帮助他人的理由只有一个，那就是"怕吃亏"——今天我帮了他，万一明天他不帮我怎么办？我岂不是亏了？

诚然，现实世界中总是会有一些"知恩不报"之辈，我们帮助了别人，却未必会得到那个人的"回报"，也就是人们常说的"吃亏"了。

其实"吃亏"绝对不是什么坏事。恰恰相反，在很多情况下，吃亏是福。吃了亏的人就一定有"好事"在前边等着他。反之，一个人若是总想着"占便宜"，自己一点亏都"不吃"，那么在前边等待他的就不会是什么"好事"了。

比如，如果有人帮了你，即便你没想着报答人家，甚至觉得这人"很傻"，但有一点可以肯定：至少你不会烦这个人。要是部门里有个什么"小选举"之类的活动，或是其他什么"好事"的话，十有八九你会想起这个人。因为你总不至于选那些从来没帮过你，或天天占你便宜的人吧？群众的眼睛是雪亮的，谁都不傻。"群众"是喜欢经常吃点亏的人呢，还是喜欢从不吃亏、专爱占"小便宜"的人呢？

退一万步讲，就算是经常吃亏的人在"群众"那里并没得到什么好处，但当领导的也不是"吃干饭的"——没有任何一个领导会"亏待"常吃亏的员工。

从这个意义上来讲，"占便宜""不肯吃亏"就像"芝麻"，"利益"就像"西瓜"，到底哪个该"丢"，哪个该"捡"，不言自明。

所谓"舍得"的意思，就是"舍不掉"则"得不到"，要"得"先要有"舍"。所以敢于甚至善于"吃亏"的人，才是真正拥有"大智慧"的人。管理者应该优待这样的员工。

道歉是温暖人心的魔力之举

管理学中，道歉是管理者与被管理者之间最具魔力、最具修复性的举动之一。因为如果不懂得道歉，管理者就不可能意识到自己的错误，也不可能在自己的管理中有所改进。最为重要的是，不懂得道歉，管理者就很难与员工产生任何的情感协议，管理就变得没有了生气。著名高尔夫球教练哈维·佩尼克花费了 60 年时间用他的红皮小册子记录高尔夫球场上的点点滴滴，写出了《哈维·佩尼克的红宝书》。书中有这样的一段话："在收回球杆的时候将身体的重心从左脚转到右脚，然后在挥杆击球的时候再把重心转移回左脚。"他还说："如果你学会这一点，你可以像拥有魔力一般击中那个白色小球。"

从管理者的角度上来看，道歉也是管理中的一个魔力之举，它看起来非常简单，就像高尔夫一样。但是要真正地挥杆打出漂亮的一球，还是需要掌握这个特殊的魔力的。也许这个魔力看起来非常容易，就只是在员工面前承认自己的错误或是对员工说声"抱歉"，但是作为身居高位的管理者来说，道歉并不是一件容易的事。

泰德是一位高级经理，他是一个典型的成功人士：聪明、温和、勤奋，总能够按时完成任务。他有一个缺点就是不善于与人交往。他发现自己与员工交往总是虎头蛇尾，且在不经意间疏远走近自己的员工。他并不是刻意的，只是自己习惯性地在管理中忽略员工。他的疏忽让他总是忘记回电话，偶尔打一次电话一定是在询问对方的工作进展如何。非常明显，他必须学会如何发自内心地关心身边的员工，而不是总在有工作的时候以管理者的身份派发任务，清闲的时候从不联系他们。

然而，也正是因为他的疏忽，他伤害了一位他工作和生活上最亲密的朋友，他的副手——马歇尔。他为此甚至寝食难安，不仅因为自己在公司的管理中没了参谋的人，更是因为这个朋友在自己的生活中也显得非常重要。泰德几乎每一件重大的工作安排都要和马歇尔商讨后才有信心去展开，同时自己生活上的每一件事都需要与他分享才会开心，而现在他为自己犯下的错误感到非常后悔。

终于，泰德僵持不下去了，他异于往常的自己，写了人生当中的第一封道歉信。

亲爱的马歇尔：

我已经知道我犯下了三个错误：

第一，"没有给你回电"。你对我说的完全都是对的，我这样做真的很不正确。作为我的帮手，在公司有什么临时的工作安排时，你的紧急来电，我也时常忘记接听；作为朋友，我这样做更是不礼貌，伤害了我们的友谊。其实，我是因为自己的个人习惯忘记接听电话的，我很清楚我应该改变。我的做法会让你感觉到我不重视你这个帮手，不关心你这个朋友。可事实并非如此，我对我的妈妈、姐姐都经常忘记接听电话。我向你道歉，我一定要改掉这个坏习惯。

第二，那天你提出的有关公司项目的想法很好，我也非常认同。多年的合作中，你也应该清楚我不习惯发表意见，我不说话就已经说明我很赞同你的工作。可那一天，可能因为这个项目太重要，你总是在询问我的意见，我是赞许的，可我确实也没有什么意见可说的。你一再追问，我还始终沉默，然后你就以为我对你的这一次重要的项目不上心。我并没有要用一个冷淡的态度泼你冷水的意思。所以，我要向你道歉。我希望能成为你的一个体贴、细心、大方的伙伴。

第三，我不应该在矛盾发生这么长时间以后还不主动道歉。这一次因为特殊的项目问题，让公司受了损失，你我都受了批评。我知道你心里肯定在抱怨我的一些冷漠导致了你丢了积极性，所以习惯主动道歉的你这一次也沉默了。其实我已经清楚了这次错误的严重性，是我犯了错误，可我却没有主动道歉。可是，马歇尔，这几天我非常不高兴。我真心希望这封信能够让你理解我并原谅我，让我们成为最好的伙伴、最理想的朋友。

马歇尔读后，心里非常震撼。他不敢想象工作时冷漠的上司、生活时冷清的朋友居然给自己写了这样一封温暖热情的道歉信。他除了震撼，还有感动。他知道泰德骨子里是温和的，也因为如此他们由工作的伙伴成为了生活中的朋友，但他没想到泰德居然还是热情的。马歇尔亲自登上泰德的家门，两人重归于好，并且成了更好的朋友，把公司的那个搞糟糕的项目重新做了一遍。由于泰德和马歇尔的共同努力，这个项目非常成功，公司也挽回了损失。

试想一下，如果泰德像之前一样不愿意向自己的副手马歇尔道歉，那么他的管理会陷入怎样的泥潭？他们之间又怎么维持伙伴和朋友的关系？如果不道歉的话，他们又如何能够做好那个项目？

管理者要学会道歉。它并不会花费太多成本，管理者甚至不需要放下属于自己的自尊。但道歉所带来的回报却是巨大的，它会让你的管理如鱼得水，就像施了魔法一般。

在鸡毛蒜皮的小事上联络感情

保持心境平和，增加组织内部的"软性"措施，以人为镜以及懂得尊重、礼让下属是领导在沟通中必备的领导素质，但具体付堵实践，则都必须从小事做起，正所谓"不积跬步，无以致千里"。小事情虽然不大，但可以折射出领导人品质的整体风貌，你也许不会放在心上，但下属的感觉却不一样，大家会通过一些鸡毛蒜皮的小事来衡量你、评判你。

如果领导者能在许多看似平凡的时刻，勤于在细小的事情上与下属沟通感情，经常用"毛毛细雨"去灌溉员工的心灵，下属会像禾苗一样生机勃勃，苗壮成长，最终为你所领导的集体收获丰硕的果实。不失时机地显示你的关心和体贴，无疑是对下属的最高赞赏，这种方法可以在下列场合中收到更好的效果。

1. 记住下属的生日，在他生日时对他表示祝贺

现代人都习惯祝贺生日，生日这一天，一般都是家人或知心朋友在一起庆祝，聪明的领导则会"见缝插针"，使自己成为庆祝的一员。有些领导惯用此招，每次都能给下属留下难忘的印象。或许下属当时体味不出来，而一旦换了领导有了差异，他自然而然地会想到你。给下属庆祝生日，可以发点奖金、买个蛋糕、请顿饭，甚至送一束花，效果都很好，乘机献上几句赞扬和助兴的话，更能起到锦上添花的效果。

2. 下属住院时，领导一定要亲自探望

一位普普通通的下属住院了，领导亲自去探望时，说出了心里话：

"平时你在的时候感觉不出来你做了多少贡献，现在岗位上缺了你，就感觉工作没了头绪、慌了手脚。"有的领导就不重视探望下属，其实下属此时很盼望领导会来看看自己，如果领导不来，对他来讲简直不亚于一次打击，不免会嘀咕："平时我干了好事他只会假装表扬一番，现在我生病了他一点也不放在心上，真是卸磨杀驴，没良心的家伙！"

3. 关心下属的家庭和生活

家庭幸福和睦、生活宽松富裕无疑是下属干好工作的保障。如果下属家里出了事情，或者生活很拮据，领导却视而不见，那么对下属再好的赞美也无异于假惺惺。尤其是下属家中有人生病，或是为小孩的教育等烦恼时，内心也总是较为脆弱。领导应该学习把婚丧喜庆当作是巩固票源机会的政治家之智慧。

4. 下属遇困难时，倾力相助

在下属工作不遂心时，因工作失误或工作无法照计划进行而情绪低落时，就是抓住下属心的最佳时机。因为人在彷徨无助时，希望别人来安慰或鼓舞的愿望比平常更加强烈。另外，因为人事调动而到单位的人，通常都会交织着期待与不安的心情，应该帮助他早日消除这种不安。而由于工作岗位的调整而构成的人员变化，部属之间的关系通常也会产生微妙的变化，不要忽视了这种变化。

5. 与下属同甘共苦

发扬"跟我来"的领袖作风，带领大家共同奋战，这样才能与员工建立起生死与共、祸福同当的深厚感情。反之，关键时刻，员工连领导者的影子都见不到，又怎么能赢得员工的信任呢？当然，"同甘共苦"中，也包含领导者要廉洁奉公，不搞特殊化的意思，否则员工就会对你嗤之以鼻。

6. 尽可能地参加工作以外的员工活动

作为领导者，对下属的工作应当严格要求，认真负责，一丝不苟。但在工作之外，领导与员工之间就不再是上下属关系了，大家都是社会的一员，地位是平等的，所以下班后不要再摆出领导的架子。如有可能，应尽量参加一些工作以外的员工活动，如打打球、下下棋、跳跳舞、聊聊天等。这样员工就会觉得你同他们不分彼此，亲密无间。同时，你还可借此熟悉员工，了解他们的情况，做他们的思想工作。因此，领导一方面要收集属下的个人资料，然后熟记于心；另一方面，必须及早察觉下属的心理状态，以关爱和理解的态度来亲近你的下属。

帮员工减压，也会提高生产力

英国作家维龙·可曼博士写了一本名为《舒缓工作压力的技巧》的书，他在书中提到了在英国公司里，平均每个团队成员每年因为压力过大而折损了价值 1000 英镑的生产力。也就是说，假如这个公司有 1000 人，每年就要平白损失 100 万英镑的收入。为什么会这样？原因很简单，团队的管理者没有学会为自己的团队减压。

让一根木尺不断地弯曲，到了某种程度它自然就会断裂，团队也是一样，加压到某个程度就会撑不下去了。当然，每个团队成员都生活在压力之中，但要是压力太大，就会出现明显的焦虑症状，有时甚至会引发严重的后遗症。不同的人有不同的"临界点"，超过这个容忍极限，后果会不堪设想。

鉴于现代社会的员工都处于极高的工作压力之下，许多跨国公司都积极提倡开放的企业文化和轻松的工作氛围，这一点在微软公司体现得尤为突出。软件业的从业人员显然处于更高的工作压力之下。为了减轻员工技术层面上的压力，微软在做任何一项软件开发的时候，每天都有一个"Check Point"（检查点），员工们以研讨会的方式在一起探讨问题。为了减轻业务人员的压力，经理们通过"one on one"（一对一），即直接对话的方式定期与之交流，帮助其减压。

虽然生活中没有固定的模式可以保证免受压力，但还是有许多方法可以减轻压力，团队管理者可以采用下列几种方法在团队中营造出轻松的氛围。

1. 用培训减压

培训一方面可以提高团队成员的专业知识和技能，另一方面也会让他们学会如何减少和对付工作压力。这有利于他们掌握沟通的技巧，学会处理上下属、同事之间的关系，更合理地安排工作时间，从而做出更好的成绩。

2. 重新设计工作内容

为了改变工作和团队成员的不适应状况，除了进行人员调整外，还可以重新设计工作，使工作变得富有挑战性和刺激性。当然，通过工作再设计只能减轻而不会消除工作中固有的压力因素。通常，许多工作在设计之初就应考虑到可能存在的压力，尽量使团队成员能够控制他们自己的工作进度，允许他们更多地运用自己的技术和能力。通过这种方式，将会提高团队成员的工作满意度，减少压力反应。

3. 把压力宣泄出来

为团队刻意创造一种情境，使员工把紧张的情绪发泄出来，取得一种心理平衡。精神发泄的方法可以有多种形式。日本有些企业专门设置了"情绪发泄控制室"，使有压力的员工随时可以去室内治疗，痛打模拟人形等，发泄自己的怨气和不满。美国著名的威尔逊培训中心也有类似的精神发泄室。让团队成员把压力宣泄到一个安全对象上，可以避免他们把不良情绪带到工作中，影响工作绩效。

有压力是好事，同时也会变成坏事，适当的压力可以激励员工奋进，过大的压力会摧毁员工的心理，关键是要看管理者如何把握，如何疏导。

必要时请伸手帮助

管理学大师德鲁克说："之所以会拥有良好的人际关系，是因为他们强调自己对工作的贡献以及对别人的帮助。"在帮助下属方面，美国著名政治家和军事家马歇尔将军的做法一直为德鲁克所推崇。马歇尔将军在20世纪30年代提拔了一大批优秀军官，其中包括巴顿和艾森豪威尔。"这个人可以干什么？"这是常挂在马歇尔嘴边的问题。德鲁克认为，知道某人能干出些什么，那么他的不足就成为次要的了。

黄威因为工作业绩突出，被总公司派到下属一家汽车公司任副总经理。当时这家公司派系之争十分严重，几个较大的派系明争暗斗，公司业绩直线下滑。黄威刚刚到任，就被下属们"划归"为某一派系。而对立派时常在工作上给他设置障碍，以此削弱他的威信。对立派中的首要人物是生产部的陈经理。

陈经理工作十分卖力，吃苦耐劳，对公司忠心耿耿。但他最大的缺点是喜欢拉帮结派，对不喜欢的人处处施绊。黄威刚来就遭到他的"暗算"。但有一次陈经理犯了一个大错误，曾经遭到陈经理敌对的其他部门经理都倾向将其开除。陈经理自己也认识到了问题的严重性，做好了被辞退的准备。

在研究陈经理错误问题的会议上，这几位经理像是事先有了约定似的，一致认为陈经理不可留，留下来是公司的损失。他们列举了他许多不可饶恕的罪状。由于陈经理所犯的错误造成了巨大损失，一向和他有私交的另外两个经理也不好为他说话。陈经理本人也感觉有负公司的期望，不做过多的辩护。

只有黄威还没有表态。黄威是主管人事的副总经理，他的意见将起到决定性的作用。大家的目光都集中在他身上，只听他说："我认为看一个人不能老盯住人家的缺点，更多的要看人家的优点。人或多或少都会有过错，在座的这么多人，谁能告诉我，你没有犯过错误？我们要公正地对待，只要功大于过，就是一个好人才。我承认陈经理身上有许多缺点，但是大家也应该看到，他身上蕴藏着许多优点。

"陈经理的工作可以说是很出色的，他干工作的那股劲头，恐怕是在座的各位所不具备的。他的这种对待工作的认真负责的精神，在一个团队中，能起到很好的示范作用。仅此一点，我们就没有必要炒掉他，这样的职员是不好找的。他并不是主观上犯错误，而是无意犯下的。有人说，他的这种过错非同小可，给公司带来了不小的损失。是的，他这次是给公司造成了一定损失。但我相信，给他一次机会，他会在以后的工作中加倍努力，把这次的损失弥补回来。"

黄威的话音一落，整个会场鸦雀无声，陈经理做梦也没想到黄威会替他说好话，感动得热泪盈眶。由于黄威的坚持，陈经理被公司留了下来。黄威在关键时刻拉了陈经理一把，不仅获得了良好的声誉，还赢得了陈经理的忠心，在以后的工作中，陈经理积极配合黄威的工作，成了黄威的一员得力干将。

德鲁克认为，帮助下属是管理者的重要职责。管理者的帮助是下属前进的动力。但需要提醒管理者的是，对下属的关心要体现出纯粹与无私，是最真诚的关怀。如果对下属的帮助怀有私心、渴望回报，这会给下属带来沉重的心理压力，以致上下属关系貌合神离，反而不利于人际关系的维护和发展。

关注下属的不安，适时慰藉

管理中有一个恶性循环，就是上一辈冷落对待下一辈，下一辈掌权后施以报复，但同时又不懂得善待自己的下一辈。这样的恶性循环，使大部分办公室充斥着冷漠的风气，没有一点温馨，职员的归属感也变得极低。

其实，领导者在适当的时候为下属解决问题，不单只是公事，也包含私人的情绪。下属遇到挫折时，情绪低落，效率和素质会受到影响。如果得不到上司的体谅，情况可能会变得更糟。

因此，领导者经常以朋友的身份询问下属发生了什么事，细心聆听，慎提意见，及时关注他们的不安心理，可以提升下属的归属感和忠诚度。当然，领导者与下属在交流的过程中要注意保密，不要将下属的私事转告给其他人，这样才能得到对方的信任，使其得以安心投入工作。

在实际工作中，领导者可以通过多种手段深入到下属的心里去，剪断他的不安之源。

关键是领导者要以心投入，用心去关心下属。我们的心理随着工作或身体等状况，经常会产生变化。只要能敏锐地掌握下属心理上的微妙变化，适时地说出吻合当时状态的话或采取行动，就能抓住下属的心。

1. 掌握下属的思想脉搏

下属的不安心理，情绪严重的只有少数，影响也将很严重，必须帮助其消除。绝大多数的程度轻微，影响不大，但总归是一种消极因素，不可让其长时间存在。有的还可能发展变化，由稍有不安变为严重。

任何事情都贵在"雪中送炭"，而忌"雨后送伞"。下属的不安心理，属于思想、心灵深处的问题，反应会更敏感，如果能及时、中肯地帮其解决，会收到意想不到的效果。如果领导者能随时注意揣摩下属的不安心理，并把问题解决在萌芽状态，下属就会有"渴时一滴如甘露"之感。如果等到下属感到严重不安，已经造成了严重后果再去做工作，领导者再去放"马后炮"，下属不但不会感激，还会感到厌恶。

要做到把下属的不安心理消除在萌芽状态，就必须随时掌握下属的思想脉搏，揣摩出必然产生的不安心理。那么，领导者应当如何揣摩下属的不安心理呢？

（1）联系下属的工作实际。近来布置给下属的工作任务大不大？时间紧不紧？要求高不高？分配给各个下属的工作任务合理不合理？结合这些情况，看下属有没有压抑情绪、厌倦情绪，然后揣摩存在着何种不安心理。

（2）联系下属与自己人际关系的实际。近来下属与自己有过一些什么接触？这些接触会不会引起下属的不安？比如，对下属的批评有没有过火的地方？对下属的赞扬有没有过分的地方？与下属私交中有没有异乎寻常的地方？如果有，都有可能引起下属的不安情绪，然后分析会产生哪种不安情绪。

（3）联系下属之间人际关系的实际。近来下属之间是否发生过争吵？下属之间是否有激烈的竞争？是否有互相嫉妒的现象？下属虽然彼此处于平等的地位，但各人所占的优势不同，所处的背景不完全相同，一方的行为可能引起另一方的不安，也可能互相引起不安。

（4）联系下属对社会各种现象的看法的实际。最主要的是党的某些方针、政策是否引起下属的关注？社会的某些现象是否引起下属的共鸣与参与？他们的关注、共鸣与参与是否会引起不安？

2. 不以一时成败论英雄

揣摩下属的不安心理，目的是消除下属的不安心理。

综观下属不安心理的产生，一个根本的原因是对自己估计不足，缺乏应有的信心。而对自己估计不足的原因，往往是一时一事的失败或者失误。领导者自己去掉并帮助下属去掉"以一时一事论英雄"的思想方法，是解决下属不安心理的最根本的方法。

3. 关注下属低落的情绪

不安和不快会导致下属产生低落的情绪，这些情绪不仅会影响下属的工作质量，累积久了还会降低下属的归属感，使他们萌生离职的念头。当下属情绪低落时，就是抓住下属心的最佳时机。

这些情形都会促使下属的情绪低落，所以适时的慰藉、忠告、援助等，会比平常更容易抓住下属的心。因此，要做一名深得人心的领导者，一方面，要注意经常收集下属个人资料，然后熟记于心；另一方面，要注意及早察觉下属的心理状态。

给失意的人一点掌声

古往今来，胜者为王，败者为寇，似乎成了亘古不变的真理。其实，这种所谓的"真理"往往是人们自身铸就的。

成功者，是因为他们付出的汗水和心血比别人要多，理应得到鲜花和掌声，无可非议。但是，那些失败之人呢？有谁曾想到过他们？

他们一样也曾为了某个目标而艰辛地跋涉着。他们付出的并不比别人少，甚至比成功者还要多。但总是因为这样或那样不可预知的原因，他们屡屡与成功失之交臂，那么，他们的付出，该不该得到回报？

有些管理者，往往只看到了那些少数成功的下属，毫不吝啬地将自己所能想到的溢美之词全部赠送给了他们。但是，对于大多数曾经辛勤工作并为之付出的"失败者"，往往未加以重视，甚至忽略了他们的存在。所以，要记住那些失意的下属。

下属勤勤恳恳地工作，有时会取得好的效果，有时却会适得其反。这时，管理者一定要给予鼓励，及时送上你的掌声。别小看了给下属的真诚掌声，那份善意的作用远远大于金钱和任何物质的东西。

福特是美国石油大王洛克菲勒的好朋友，也是帮助他创建石油公司的伙伴之一。但有一次，洛克菲勒与福特合资经商，因福特投资过大而惨遭失败，损失巨大。这使福特心里很过意不去，甚至在街上看见洛克菲勒时都觉得没脸打招呼。他愧疚地向洛克菲勒解释说："太对不起了，那实在是一次极大的损失，我们损失了大约……"想不到洛克菲勒若无其事地回答道："啊，我们能做到那样已经难能可贵了，这全靠你处理得当，使我们保存了剩余的 60%，这完全出乎我的意料，我应该为你鼓掌才是！"

世上本就没有人天生就是天才，也没有人生来就高人一等。既然如此，那又有谁能在成功的道路上一帆风顺呢？下属也会有挫折、伤痛、懊恼、泪水等，一切都在所难免。下属跌倒了，管理者要鼓励他爬起来，这说起来很简单，但下属做起来却非常不容易，尤其是当周围是一片冷嘲热讽的时候，谁又能够依然潇洒地爬起来？爬起来的支点又在哪里？处理不当很有可能会让下属一蹶不振。但倘若这时耳边响起了管理者的掌声，即使这声音是那么的单薄，下属也会倍受鼓舞，知道该怎样去面对失败。

当爱因斯坦带着相对论走上科学殿堂的讲台时，又有谁知道他就是那个曾被老师评价为"弱智"，而在母亲的掌声中成长起来的巨匠？试想，如果离开了母亲的鼓励，或许"相对论"还只是个在未来时空漂浮的名词，"E=MC2"也还只是个无法破译的密码。

给失意的下属一点掌声，虽然它不是鲜花，也不是太阳，但它却可像一滴甘露，让百花绽放。职场的路上有太多的坎坷，也有太多的崎岖。当下属在黑暗中茫然不知所措时，领导者一定要想到：有一个希望就在你的手中，有一个梦幻就在你的掌声里。

给失意的下属一点掌声，就如保护一株风雨中的幼苗，守护黑暗中的一星烛光，呵护绝望时的一线生机。没有掌声的世界是可怕的。

"世上岂无千里马，人中难得九方皋。"领导者或许不是"伯乐"，相不出一匹千里马。但只要你善于给下属一点掌声，相信天公必会重抖擞，不拘一格降人才。

第六章

凝聚人心，
上下同欲者胜

给员工一个透明的制度

凝聚人心，上下同欲者胜。那么怎么领导员工，才能让大家拧成一股劲儿，共同朝着公司的目标前进呢？

对此，企业家冯仑有自己的管理诀窍。冯仑说，成功的企业要有一个好的制度，更要有一个透明的制度。在这方面，万通做得很好。不管是对内还是对外，万通都是透明的。他们有自己的历史陈列馆，上面记载着万通的每一步发展，目的就是要让员工和外界看到，万通是如何成长起来的。

冯仑的这种做法取得了良好的效果，对于员工来说，这种做法是对自己的一种信任。公司已经把自己的一切都展现在员工面前了，为的就是让员工彻底了解公司，之后能够跟公司一同成长。对外来说，这是一个态度，我将自己曾经做过的事情，不管失败，还是成功，都放在你的眼前了，为的就是让你更好地了解我是一家什么样的公司。这是一种真诚的合作态度。

万通不仅将自己的历史完全地展现在别人面前，公司的各种制度也是如此，甚至连冯仑自己做了哪些工作，哪些决策，也都是透明的。这样一来，在公司内就形成了一种氛围，所有的事情都是在阳光下进行的。这时候，员工们的内心就会感到很踏实。

当制度规定和执行标准摆在眼前的时候，每个员工对自己的行为都会有一个清晰的定位。他知道自己做的事会得到什么回报，自然会更加努力。同时，如果有人想要进行一些灰色操作的时候，有曾经的惩罚案例摆在那儿，也能起到一定的威慑作用。这种透明，让人与人之间的关系简单了，也让人对自己的行为有了一个很好的预期。这是节约人力成本的一个很好的办法。

而将自己的制度分享给客户，则不仅表示自己对客户是绝对信任的，还能让客户对自己有一个更好的了解，从而在合作当中更加默契。

更重要的是，一旦制度透明了，那么每个人都能看到其中的利弊，也都能指出其中的利弊，这样，更有利于制度的整改和更新。这是一个公司进步的重要条件。

做管理，其实就是在做人心，当管理者将自己的一切都放在员工面前的时候，员工是会感动的，他觉得自己的领导信任自己，也愿意跟自己一道前进，这对提升团队的凝聚力有着莫大的帮助。

所谓疑人不用，用人不疑。很多管理者都知道这个道理，也都是在按照这个标准做事，可是大都只是做到了心中不怀疑自己的下属，很少能将这个情绪清晰、准确地传达出去。这样，就容易造成误解，本来对下属很信任，可是下属还会猜疑，上司是否真的信任自己。可是，一旦将制度透明化，那么这个问题就不存在了。透明的制度是人与人之间的一个良性沟通纽带，是提升一个团队的凝聚力和竞争力的必要手段。

把团队精神培植到员工心里去

团队人心涣散，效率低下；团队成员间互相猜疑，毫无凝聚力；天天围坐开会，却迟迟做不出一个好的决策……作为团队管理者，你是否也常常发出这样的感慨："为什么我的团队一团糟？"

在《群众与权力》(Crowds and Power) 这本书中，埃利亚斯·卡内提认为团队之所以能够拥有凝聚力，就是由于团队中的每一个个体心中都拥有"同一种激情"。心中怀着共同的激情，可以使一群独立的个体组成一个有凝聚力的团队。

现在很多企业的管理者都将"团队精神"挂在嘴边，但却光说不练，企业内部的"个人英雄主义"风气依旧盛行。一个人在团队中的力量可能远远胜于他单打独斗时自己的力量，而赋予他这种力量的就是他所拥有的团队精神。

有一个人开车行驶在乡间小路上迷了路，于是他一边开车一边查看地图，结果却陷在路边的壕沟里。他自己一个人的力量没有办法把车弄出来。他看到前面有家农舍小院，于是便走过去找人帮忙。

他走进院子，没有看到任何能把他的车拉出来的现代化机械，只看到马圈里有一头已经衰老的骡子。他以为农夫会因为骡子太瘦弱而拒绝他，可出乎他的意料，农夫说："马克完全可以帮你的忙！"

他看着瘦弱不堪的骡子，觉得很担心，于是问农夫："您可知道附近有没有其他农场？您的骡子太瘦弱了，恐怕不行吧。"农夫自信地说：

"附近只有我一家，您放心好了，马克绝对没有问题的。"

他看着农夫把绳子一端固定在汽车上，另一端固定在骡子身上。一边在空中把鞭子抽得"啪啪"响，一边大声吆喝："拉啊，乌克！拉啊，卡卡！拉啊，迪斯！拉啊，马克！"没过多久，老马克就把他的车从壕沟里给拉了出来。

他觉得很吃惊，但又大感不解："您为什么要假装赶很多骡子的样子呢？为什么除了马克还喊了其他的名字？"

农夫拍了拍老骡子，笑着对他说："马克是头瞎骡子，它每次只要在队伍里有朋友帮忙就充满干劲，年轻力壮的骡子都比不上它，而我刚才喊的那些名字是我原来那些骡子的名字，它们之前一直跟马克一起拉车的。"

一个有生命力的企业，是具有凝聚力、向心力的。衡量一个企业是否有发展前景，关键是看它是否有团队精神，企业的员工是否具有团队意识。优秀的管理者都明白：具有团队意识的员工才真正地体现其管理思想。反之，没有团队意识的员工，无论多能干、多优秀都不会使团队朝着既定方向发展。

有这样一个故事：

三个皮匠结伴而行，在旅途中遇雨，恰好有座破庙让他们避雨。庙里还有三个和尚也在此躲雨，和尚看到皮匠感到很气愤，质问皮匠说："凭什么说你们'三个臭皮匠顶一个诸葛亮'，而说我们'三个和尚没水喝'？"尽管三个皮匠始终忍让，但和尚不依不饶，以至于闹到让上帝来给个说法。

上帝并没有直接给出答案，而是分别把他们关进两间一样的房子里——房子阔绰舒适，生活用品一应俱全。内有一口装满食物的大锅，每人只发一只长柄的勺子。

过了三天，上帝先把三个和尚放了出来，他们几乎饿晕过去，上帝很奇怪："锅里有足够多的饭菜，你们为何不吃？"和尚们几乎哭了出来："你给我们的勺子把太长了，我们没有办法把饭放到嘴中啊！"

上帝很无奈，接着又把三个皮匠也放了出来，只见他们一个个红光满面，神采奕奕，他们感谢上帝给他们如此美味的食物。和尚们大惑不解，问皮匠们是怎样用这么长的勺子吃到东西的。皮匠们齐声说道："我们是相互喂着吃到的。"

可见，"团队精神"可以创造出一种无形的向心力、凝聚力和创造力。只要大家心往一起想，劲往一块使，有困难就可以靠集体的力量克服，没有的东西也会创造出来，缺少的东西也会心甘情愿地去补上，这样的企业就会战无不胜，攻无不克。

团队精神的培养并不是一朝一夕能完成的，需要一点一滴地铸造。首先，要有一个优秀的领导者，要用其人格魅力、吸引力和感召力去引导整个团队；其次，领导者的凝聚力和协调能力也十分重要；然后，领导者要设定团队共同的愿景，所有的人都有了相同的愿望和目标，就能同心协力。一个切合实际的目标会让整个团队产生征服它的心理；第四，领导要注意全方位的沟通和交流，沟通的好处在于能让员工迅速达成一致的观点和行动，形成团队的共同价值观。

团队里的人个性不同，价值观不同，习惯不同，所以团队成员之间发生冲突的情况时有发生。并非所有的冲突都是坏事，有时候就是需要不同的观点彼此碰撞才能迸发出改进的火花。如果有一天团队中的人们都可以自由表达自己的心声或喜恶，或者不把这视为一种"毒瘤"而是一种健康的表现时，那整个团队必会因为多元化而受益。

为员工服务，实现双赢

对于现今的企业来说，竞争其实就是人才的竞争，人才来源于企业的员工。作为企业管理者只有提供更好的平台，员工才会愿意为企业奉献更多的力量。上级很好地为下属服务，下属才能很好地对上级负责。员工好了，公司才能有好的发展。企业就是一个磁场，企业管理者与员工只有互相吸引才能凝聚出更大的能量。

但是，很多企业看不到这一点。不少企业的管理者总是抱怨员工素质太低，或者抱怨员工缺乏职业精神，工作懈怠。但是，他们最需要反省的是，他们为员工付出了多少？作为领导，他们为员工服务了多少？正是因为他们对员工利益的漠视，才使很多员工感觉到企业不能帮助他们实现自己的理想和目标，于是不得不跳槽离开。

这类企业的管理者应该向沃尔玛公司认真学习。

沃尔玛的公仆式领导一直都很有名。早在创业之初，沃尔玛公司创始人山姆·沃尔顿就为公司制定了三条座右铭：顾客是上帝、尊重每一个员工、每天追求卓越。沃尔玛是"倒金字塔"式的组织关系，这种组织结构使沃尔玛的领导处在整个系统的最基层，员工是中间的基石，顾客放在第一位。沃尔玛提倡"员工为顾客服务，领导为员工服务"。

沃尔玛公司在实施一些制度或者理念之前，首先要征询员工的意见："这些政策或理念对你们的工作有没有帮助？有哪些帮助？"沃尔玛的领导者认为，公司的政策制定让员工参与进来，会更容易赢得员工的认可。

沃尔玛公司从来不会对员工的种种需求置之不理，更不会认为提出更多要求的员工是在无理取闹。相反，每当员工提出某些需求之后，公司都会组织各级管理层迅速对这些需求进行讨论，并且以最快的速度查清员工提出这些需求的具体原因，然后根据实际情况做出适度的妥协，给予员工一定程度的满足。

在沃尔玛领导者眼里，员工不是公司的螺丝钉，而是公司的合伙人，他们秉承的理念是：员工是沃尔玛的合伙人，沃尔玛是所有员工的沃尔玛。在公司内部，任何一个员工的铭牌上都只有名字，而没有标明职务，包括总裁，大家见面后无须称呼职务，而是直呼姓名。沃尔玛领导者制定这种制度的目的就是使员工和公司就像盟友一样结成了合作伙伴的关系。沃尔玛的薪酬一直被认为在同行业中不是最高的，但是员工在沃尔玛工作却都很快乐，因为他们在沃尔玛是合伙人，沃尔玛是所有员工的沃尔玛。

在物质利益方面，沃尔玛很早就开始面向每位员工实施其"利润分红计划"，同时付诸实施的还有"购买股票计划""员工折扣规定""奖学金计划"等。除了以上这些，员工还享受一些基本待遇，包括带薪休假，节假日补助，医疗、人身及住房保险等。沃尔玛的每一项计划几乎都是遵循山姆·沃尔顿先生所说的"真正的伙伴关系"而制定的，这种坦诚的伙伴关系使包括员工、顾客和企业在内的每一个参与者都获得了最大程度的利益。沃尔玛的员工真正地感受到自己是公司的主人。

到这里，所有人都会明白沃尔玛持续成功的根源。沃尔玛的这一管理模式使很多企业大受启发。

在国内，有一家饭店企业把沃尔玛当作学习的榜样。"没有满意的员工，就没有满意的顾客。"饭店管理者把这句话当作是企业文化理念的精髓。该饭店拥有员工近400人，除大部分为正式员工外，还有少部分为外聘人员，饭店领导首先为他们营造的是一个平等的工作环境与空间，一旦发现了人才，无论正式员工与否都给予鼓励与培养。每年春节，饭店高级管理人员都要为员工亲手包一顿饺子，并为员工做一天的"服务员"。每年，饭店还要对有特殊贡献的员工进行晋级奖励，目前得到晋级奖励的员工已占到全体员工总数的10%。饭店还定期组织员工外出旅游，节假日举办联欢会。如同沃尔玛取得的辉煌业绩一样，一分爱一分收获，领导的良苦用心得到了回报。由于该饭店员工的素质一流，几乎所有的宾客都能享受到"满意＋惊喜"的服务。他们对此赞不绝口，饭店生意红红火火。

为员工提供服务，把员工视为企业的合作伙伴，这是员工最希望得到的关系。这种方式能有效地凝聚人心。

用"美丽的风光"留住人心

管理的实施者是人，对象也是人，人是管理的根本，是企业中最珍贵的资源，也是最不稳定的资源。当员工心情不好，对领导不满意、对同事看不顺眼、对薪酬不满、对政策怀疑、对制度反感、生活上存在问题和困难时，就会意志消沉或心不在焉，直接影响到企业目标的实现。当管理者真心、真情地关怀员工，把爱心注入与员工间的沟通时，就会发现，员工把劳动作为享受自己幸福生活的手段之一，把企业作为实现幸福生活的场所。

华盛顿大学要在校园的华盛顿湖畔修建一座体育馆，但引起了教授们的强烈反对。因为体育馆一旦建成，就会挡住从教职工餐厅窗户欣赏到的美丽湖畔风光。与当时美国的平均工资水平相比，华盛顿大学教授们的工资要低 20% 左右。而他们在没有流动障碍的前提下自愿接受这么低的工资，完全是出于留恋那里的湖光山色：西雅图位于太平洋沿岸，大小湖泊星罗棋布，晴天时可看到北美洲最高的雪山之一——雷尼尔山峰。他们为了美好的景色而牺牲获得更高收入的机会，这一现象被华盛顿大学经济系的教授们戏称为"雷尼尔效应"。

这表明，华盛顿大学教授的工资，80% 是以货币形式支付，20% 是由美好的环境来支付。如果因为修建体育馆而破坏了这种景观，就意味着工资降低了 20%，教授们就会流向其他大学。可以预见，学校就不可能以原来的货币工资水平聘到同样水平的教授了。由此可见，美丽的景色也是一种无形的财富，它起到了吸引和留住人才的作用。

由此引出的问题是，企业管理者可否利用"雷尼尔效应"留住人才？

如今，人才的竞争逐渐激烈起来。企业能否吸引和留住人才，成为一个企业成败的关键。美丽的西雅图风光可以留住华盛顿大学的教授们，同样的道理，企业也可以用"美丽的风光"来吸引和留住人心网住人才。当然，这里的"美丽的风光"是指一个充满人性温情的工作环境和企业文化氛围。

《亚洲华尔街日报》《远东经济评论》曾联手对亚洲 10 个国家和地区的 355 家公司进行了调研，涉及 26 种产品、9.2 万名员工，最终评选出 20 名最出色的雇主。根据这项调查，员工心目中的"好公司"与公司资产规模、股价高低并没有直接的关系，虽然入选的 20 家上榜公司各有各的特色，但它们都具备一个共同特征，即带着浓浓的人情味。

当企业能人性化地对待员工时，他们获得的激励感受是物质奖励远远比不上的。

美国四大连锁店之一的华尔连锁店在总结其成功的秘诀时，概括成一句话，那就是："我们关怀我们的员工。"日本的本田公司始终贯彻以人为本的管理思想，为了保证员工的休息，本田总部有这样一条规定：员工必须经过主管的特别批准才可以超时工作。此外，一年中有 60 天被严格规定为"不准加班日"。在这 60 天中，员工一定要在下午 6 点下班时离开工厂，如果个别员工的工作量太大，必须延长工作时间，主管就会重新调整他的工作量。

企业管理者只有展示出人情味，才能真正地留住员工的心。换言之，人情味乃是吸引和留住人才的重要原因，这是雷尼尔效应带给企业管理者最大的启示。

让"不""可是""但是"等言谈消失

一位财政主管因为不清楚自己为什么老是在员工面前不受尊敬，他的CEO让他请教当地一位有名的企业管理人士鲁迪。他第一次与鲁迪见面的时候，就跟鲁迪说出了员工对他的评价，他对鲁迪说："可是鲁迪，事情不应该发展成这样。"

鲁迪说："你没有意识到你太喜欢说出'不''但是'或者'可是'这样的话了，员工会觉得他得不到肯定，于是造成了现在这样的结果。"

他又说："如果是这样，我可以不说。"

"这样吧，"鲁迪说，"下次再听见你说这样的话，我就罚你10美元。"

"但是，"他说，"这并不……"

"10美元。"

"不，我没有……"他又反驳了。

"20美元了！"

他抗议地嚷道："不，不，不。"

"30，40，50美元。"鲁迪把罚金连续加高。

在不到一小时的时间里，他一共损失了300美元。又过了两小时，他似乎明白了鲁迪的意思，离开之前跟鲁迪说了句："谢谢。"

一年之后，员工都说鲁迪脾气变好了，管理的威风也有了。当公司CEO和他在开年会的时候，一位COO（首席运营官）给CEO做了一个报告，CEO说道："你说得很对，可问题是……"

他就坐在CEO的旁边，轻声地打断了上司的话："不好意思，您最好说'谢谢'。"

那位 CEO 看了他一眼，轻轻地拍了拍他的肩，对这位 COO 微笑道："谢谢你。"

当管理者在用"不""但是"或"可是"做开头与员工对话的时候，你用多好的口气，说多好的话来缓和员工的情绪都是徒劳的，因为你早已向员工传达了一个信息：你错了。你等同于明确地告诉了员工："你刚才说的是错误的，我下面要说的才是正确的。"这与你自认为要表达的"我的看法跟你有些不太一样""可能你得到的信息有些偏差"和"我不同意你的观点"意思很不一样。这时，员工只能不得已接受你的观点，脾气暴的还会发起反攻来捍卫自己的立场。这样管理者可能与员工之间发生一场毫无意义的争辩，这种"交流"只会让管理者自己背上"霸道"的"恶名"，在企业的管理中也失去民心。

也许有些管理者还不以为然，认为自己并没有经常说出"不""但是"或"可是"的话，自然没必要担心。既然这样，管理者不妨给自己做个练习：抽出一个星期，准备一块积分板，每次听到自己与员工交流时用"不""但是"或"可是"这三个词当中的任何一个开头，就在积分板上做个记号。一个星期之后，你就会清楚自己到底有多频繁说出那样的话。

分析这样的一个问题，不难发现：管理者总是喜欢在与员工的对话中使用这些词，其中最根本的目的就是要巩固自己的权威。管理者同时还会发现，当谈话中员工听到这些词时，他们都会有意无意地表现出一种抵制，这样的交流多半是没有效果的。

有一位管理者要求秘书在他与员工的一次交流中记录下自己使用"不""可是"或"但是"的次数。在他们交谈的短短 40 分钟里，他就有 20 句都是在用"不""但是"或"可是"开头。这也让这位管理者不得不考虑改掉这个坏习惯。

　　管理者要想改掉这个坏习惯，首先，从现在开始不要再为自己的立场辩解，开始仔细观察自己有多少句话是用"不"、"但是"或"可是"开头的，然后将这些词语咽回去。其次，做到最大程度的自我监督。管理者还可以启动罚金制度，让秘书来监督你，每当使用到"不""但是"或"可是"中的其中一个词语时，就让秘书开出一张罚单。

　　一段时间后，当管理者开始为自己的行为产生负罪感时，就表明管理者已经开始做出改变了。

照顾好自尊心，员工才会更尽力

尊重下属是领导与下属进行沟通交流时的一个基本前提。每一个人都有自己的尊严，即使是在工作场所中被视为无用的人，也有他自己的想法与自尊心。他或许看似能力低下，却在某一方面潜藏着特长；也许他一无所长，但他却也因此比别人更勤奋卖力。

因此，领导者切不可因为下属工作能力有所不足或为人处世上有一些毛病就对之持嫌弃的态度，一个值得下属尊敬和爱戴的领导者应当时刻把下属的尊严放在首位。

有的人本身能力并不弱，但因为做错了事，也会引得某些领导说出伤人自尊心的话来。比如："你是什么东西？你以为我不知道你的老底吗？"或者说："你这种家伙，成事不足，败事有余。"这种话一出口，只会让下属心灰意懒，或大闹一场，疏远了下属与领导之间的距离。

领导者必须明白，下属的自尊心是应该受到保护的。不伤害下属的自尊心，不仅是尊重其人格，而且对搞好企业大有好处。人有了自尊心，才会求上进，有上进心才会努力工作。

调查研究表明：凡是自尊心很强的人，不论在什么岗位上，都会尽自己的努力而不甘落后于人。明智的领导者不仅要保护下属的自尊心，还要想方设法加强下属的自尊心。比如，注重礼貌，让他们充分体会到自己作为一个人与上级在人格上是平等的；或使用适当的褒奖，让他们有荣誉感；等等。

自尊心受到伤害的程度是不同的，一类是属于局部的，就是说，被伤害者的自尊心并未完全失去，他还能感觉到自己受了伤害，这样他就会记住伤害他的人，对之产生反感、憎恶乃至仇恨。

如果这个人是他的领导的话，他要么积极地谋划调离本单位，要么采取"不合作主义"。只要是你说的话，你下的指示，他都不会尽心尽力、心甘情愿地去办。这样，怎么可能把工作做好呢？

另一类是属于全部的，就是说，被伤害者已经全然失去了自尊。他甚至感觉不到什么叫自尊心受伤害，甚至自暴自弃。到头来，他本人是毁了，企业的工作必然也大受影响。

伤人自尊心是领导的大忌，以下两点应当引起领导者的注意：

不揭人伤疤。一般说来，人们并不喜欢揭人伤疤。性格上生来就喜欢揭人伤疤的人毕竟还是少数。但在情绪不好的时候，甚至在暴怒的时候，可就很难说了。尤其是领导者，因为人事材料在握，对别人的过去知道得一清二楚，怒从心头起时，就难免出口不逊，说些诸如"你不要以为过去的事情就没人知道了"之类的话。

领导者要杜绝揭人伤疤的行为，除了要知晓利害，学会自我控制外，还需养成及时处理问题的习惯。不要把事情搁置起来，每当问题出现时及时地解决掉，有了结论，以后也不要再旧事重提，再翻老账。

让人丢脸是领导者的最大禁忌。让人丢脸这种行为，不仅对事情没有任何的帮助，反而使受辱的一方不能心服口服，甚至会憎恨在心。所以，要做到不使下属的工作热忱消失，让人丢脸可以说是领导者的最大禁忌。

协调管理，凝聚合力

最成功的管理者不一定是最优秀的行业带头人，但一定是最优秀的中间协调员。

苏联研制生产的米格-25喷气式战斗机，以其优越的性能而广受世界各国青睐。然而，众多飞机制造专家惊奇地发现：米格-25战斗机所使用的许多零部件与美国战斗机相比要落后得多，但其整体作战性能则达到甚至超过了美国同期生产的战斗机。造成这种现象的原因是，米格公司在设计时从整体考虑，对各零部件进行了更为协调的组合设计，使该机在起降、速度、快速反应等诸方面超越美机而成为当时世界一流的战斗机。

米格-25飞机因组合协调而产生了意想不到的效果，这一现象被后人称之为"米格-25效应"。

"米格-25效应"具体是指，事物的内部结构是否合理，对其整体功能的发挥影响很大。结构合理，会产生整体大于部分之和的功效；结构不合理，整体功能就会小于结构各部分功能相加之和，甚至出现负值。

将"米格-25效应"引用到管理中来，也就是我们在管理学中通常所说的协调管理。一家经营最成功的企业未必拥有素质最高、最优秀的员工，但一定具备最完善的协调机制、最合理的操作系统和最和谐的工作气氛。

恩格斯讲过一个法国骑兵与马木留克骑兵作战的例子，与"米格-25效应"有异曲同工之妙：骑术不精但纪律很强的法国兵，与善于格斗但纪律涣散的马木留克兵作战。若分散而战，三个法国骑兵打不过两个马木留克兵；若百人相对，则势均力敌；而千名法国骑兵能击败一千五百名马木留克兵……

实际上，恩格斯讲述的就是协调作战、协调管理的重要性。类似的故事在我国古代早已有之。"田忌赛马"的故事大家耳熟能详。虽然田忌的三匹马比齐王的都稍逊一筹，但由于孙膑所配置的比赛顺序不同，结果转败为胜。孙膑也因此得到齐威王的赏识，得到更宽广的用武之地。可见，合理配置资源、权衡取舍的协调智慧对作战来说多么重要。

管理企业也是同样的道理。管理者不可能保证每个员工都是最优秀的，但要保证所有的员工是齐心协力的，企业这个有机体是协调的、顺畅的，而不是几股力量纠缠在一起，抵消了大部分人的功劳。

松下公司创始人松下幸之助在协调管理方面有着深刻的理解。他认为，一个人的智慧和能力是非常有限的，无论多么努力和勤奋，发挥出来的也只是微小的个体力量。靠一己之力，只能成就一些小事情，无法完成大事业。作为一名企业管理者，要想使企业发展壮大，必须懂得发挥他人的力量，团结他人，集合众智，凝聚合力。

组织中的人员搭配是影响组织运行效率的重要因素。管理者应为组织的每个职位或岗位配备适当的员工，不仅要考虑满足组织任务目标的需要，还要关注员工个人的特点、爱好、能力，以便为每一个员工安排适当的工作，让每一名员工在合理搭配、分工合作中发挥出自身最大的能量。

授权后，不干预

"用人不疑，疑人不用。"领导者要做好授权，就应当放手让下属去干，不随意干预下属的工作，这样才能充分调动下属的积极性，激发出下属的潜能。

《吕氏春秋》记载，孔子弟子子齐，奉鲁国君主之命要到亶父去做地方官，但是，子齐担心鲁君听信小人谗言，从上面干预，使自己难以放开手脚工作，充分行使职权，发挥才干。于是，在临行前，主动要求鲁君派两个身边近臣随他一起去亶父上任。

到任后，子齐命令那两个近臣写报告，他自己却在旁边不时地去摇动二人的胳膊肘，给他们捣乱，使字体写得不工整。于是，子齐又对他们发火，二人又恼又怕，请求回去。

二人回去之后，向鲁君抱怨无法为子齐做事。鲁君问为什么，二人说："他叫我们写字，又不停摇晃我们的胳膊。字写坏了，他却怪罪我们，大发雷霆。我们没法再干下去了，只好回来。"

鲁君听后长叹道："这是子齐劝诫我不要扰乱他的正常工作，使他无法施展聪明才干呀。"于是，鲁君就派他最信任的人到亶父向子齐传达他的旨意：

"从今以后，凡是有利于亶父的事，你就自决自为吧。五年以后，再向我报告要点。"

子齐郑重受命，从此得以正常行使职权，发挥才干，亶父得到了良好的治理。

这就是著名的"掣肘"的典故。

后来孔子听说了此事,赞许道:"此鲁君之贤也。"

古今道理一样。领导者在用人时,要做到既然给了下属职务,就应该同时给予其与职务相称的权力,放手让下属去干,不能大搞"扶上马,不撒缰",处处干预,只给职位不给权力。

北欧航空公司董事长卡尔松大刀阔斧地改革北欧航空系统的陈规陋习,靠的就是充分放权,给部下充分的信任和活动自由。开始时,他的目标是要把北欧航空公司变成欧洲最准时的航空公司,但他想不出该怎么下手。卡尔松到处寻找负责处理此事的人,最后他终于找到了合适的人选。于是他去拜访他:"我们怎样才能成为欧洲最准时的航空公司?你能不能替我找到答案?过几个星期来见我,看看我们能不能达到这个目标。"

几个星期后,他们按约见面,卡尔松问他:"怎么样?可不可以做到?"他回答:"可以,不过大概要花6个月时间,还可能花掉你150万美元。"卡尔松插嘴说:"太好了,说下去。"因为他本来估计要花这个数目5倍多的代价。那人吓了一跳,继续说:"等一下,我带了人来,准备向你汇报,我们可以告诉你我们到底想怎么干。"

卡尔松说:"没关系,不必汇报了,你们放手去做好了。"大约4个半月后,那人请卡尔松过去,并给他看几个月来的成绩报告。当然他们已使北欧公司成为欧洲第一。但这还不是他请卡尔松来的唯一原因,更重要的是他还省下了150万美元经费中的50万美元,总共只花了100万美元。

卡尔松事后说:"如果我只是对他说:'好,现在交给你一项任务,我要你使我们公司成为欧洲最准时的航空公司,现在我给你200万美元,你要这么这么做。'结果怎样,你们一定也可以预想到。他一定会在6个月以后回来对我说：'我们已经照你所说的做了，而且也有了一定进展，不过离目标还有一段距离，也许还需花90天左右才能做好，而且还要100万美元经费。'可是这一次这种拖拖拉拉的事却不曾发生。他要这个数目，我就照他要的给，他顺顺利利地就把工作做好了。"

可见，放不放权结果大不相同。

日本著名企业家士光敏夫也曾经讲过这样的话："领导者只需要制定大体的方针和目标，至于完成任务的方法，就应放手让下属去做。"

我国许多著名的企业家，他们都是主张授权要坚持信任原则的。

香港光大实业公司，其总经理下设许多"项目经理"，他们让这些人放手去干，在职权范围内自主处理问题。有一次，中国远洋公司为加收一笔3万美元的运输费，打电话找到北京光大公司的一位"项目经理"，这位年轻经理当即拍板同意，远洋公司的人听了大吃一惊，一再问："是不是要请示一下你们的总经理？"得到的回答是："在我职权范围内的生意，我说了算！"结果，这件事很快办成了。假如这个公司在授权中不坚持信任原则，被授权者不敢这么干，恐怕这件事就很难办成了。或者即使办了，效率也不会这么高。

无论是鲁君，还是北欧航空公司的卡尔松，他们的言行都印证了这样一个道理：领导者用人只给职不给权，事无巨细都由自己定调、拍板，实际上是对下属的不尊重、不信任。这样，不仅使下属失去独立负责的责任心，还会严重挫伤他们的积极性，使其难以尽职尽力。

所以，放手让你的下属去施展才华，当他确实违背你的工作主旨之时，你再出手干预，将他引上正轨。只有这样才能充分调动起下属的积极性，提升他们的工作业绩，而你最终也将赢得下属的真心拥护。那么，一个领导者应该将哪些权力授予部属呢？

（1）你不想做的事。如果你能将自己不想做的事委派他人去做，那你十分幸运。然而没必要将你对这项任务的厌恶感告诉被委派者，这样做可能会避开负面的影响。

（2）你没时间做的事。你没有时间去做，就找一个合适的人让他去做吧。

（3）别人能做得更好的事。有时别人做比自己亲自去做更好，那么就把这项工作毫不犹豫地交给别人。

（4）你喜欢做并能做好，但未能充分发挥你的才能的事。作为领导者，你要充分发挥自己的才能，不要让自己吊在一些繁琐工作上。记住，你可以"适当"地做某项任务，但是如果这项工作并不能使你发挥自己的才能，那就交给别人。

（5）他人为了积累专业经验而必须做的事。当然，通常你会比下属或助理干得更快更好。但为了让下属或助理提高专业水平，可能要将工作交由他们去做。而且，随着你不断晋升，你将享受到将任务委派给他人而带来的自由感。尽管你一直做着一项具体工作（而且做得相当不错），但抽出点时间教会别人，长期来看，这是值得的。

在研究了许多比较完美的企业领导者的例子后会发现，他们大多数都是成功的授权者，正由于有了授权，他们才能从繁杂的工作中超脱出来，干更紧要的、更重要的、别人又干不了的工作。

不贪功，与员工齐利

对员工来说，企业领导者与其分享成果是对自己的一种最大的激励。一个乐于同员工分享劳动成果的企业领导者，会使员工乐于为企业的发展拼命效力，这样企业和员工才会在某种意义上达到双赢的结局，双方共同的创业之路才会越走越远，越走越顺。所以，企业领导者在日常管理实践中，务必牢记此训，做到适时地把劳动成果与自己的下属共享，这样自己的管理工作才会得以有效进行，才会在日后取得更突出的业绩。

"与天下齐利"就是与大家分享劳动成果。员工的成果其实就是老板的收获。无论员工的功劳多大，最大的得利者还是老板。把员工的劳动成果与他们共享，对老板不会有丝毫损失，对员工则是莫大的激励，他们的工作也会更积极主动。因此，一个乐于同员工分享成果的管理者，才能成为笑到最后的成功者。

在企业里，不夺功的领导者才可能取得成功，也就是要有"与天下齐利"的精神才能获得长足的发展。

楚汉争霸之时，各路诸侯约定"先入关中者王之"。刘邦率领大军，一路上战无不胜，先项羽一步入主关中。刘邦初进咸阳，秦宫室、宝物、美女尽收眼底，刘邦均不取。那他取什么呢？他的谋士萧何赶到秦王朝的宰相府，把图书、档案全收起来，以此尽知天下要塞、户口多少，哪里强、哪里弱，为日后的战争需要搜集了大量资料。

更为重要的是，刘邦和他的谋士做了如下决定：废除秦王朝苛法，与秦民约法三章，"杀人者死，伤人及盗抵罪"；准许秦王子婴投降，并安抚降吏，安定民心。这两项决定，表现了刘邦顺天时，与天下黎民同利益的决心，使秦民大喜，唯恐刘邦不为王，因而争取到了人民的拥护，为他取得天下打下了深厚的基础。

而项羽进关中后，又如何呢？他一路上杀死秦降军20多万，屠杀咸阳人民无数，杀死秦降王子婴。烧宫室，杀兵士，抢夺财宝和妇女，使秦民大失所望，由此也埋下了他失败的种子。

从刘邦、项羽不同的利益分享方式而引发的不同人生结局，管理者可以得出这样一个启示：作为一名管理者，应设法让员工分享现有的劳动成果，别忘了，分享才是对员工的最大激励。谁都喜欢晋升，谁都喜欢加薪，管理者是这样，员工也如此。当管理者晋升加薪之时，别忘了为你打下江山的员工们，设法让他们分享你的利益，让他们也有所晋升，或得到一些奖励，这才是对员工最大的关心。

此可谓"己所欲，施于人""一人升天，仙及鸡犬"，当你加官晋升时，把你的成果与手下的员工一起分享，可以想象，员工一定会忠诚于你，这样的企业也必然是上下一心，动力十足，企业效益自然也如芝麻开花节节升高。

陈立是一家国有企业的公关部经理，由于在与外商谈判中，压低了商品价格，为企业节省了几十万元。因此企业总经理决定为陈立加薪一级，同时大幅度增加了他的提成。

获得奖励后，陈立首先想到的就是和自己一起奋战几昼夜商讨谈判方案的员工们，于是慷慨解囊，宴请诸员工，随后又请他们周末一起去度假。这样一来，陈立不仅得到了上司的赏识，还得到了员工的爱戴。其实宴请费用并不多，却大大赢得了员工们的一片忠心，今后他们会更加卖力

地为陈立和企业效力。试想，长此以往，对陈立来说，下次的加薪晋级还
会远吗？

由此，对领导者来说，让手下的员工分享你的劳动成果，不仅是对他
们最大的激励，也是让自己再创佳绩的基础和动力。何乐而不为呢？

把团队成员的荣誉感激发出来

荣誉就是战斗力。对于一个团队来说，荣誉感是团队的旗帜和灵魂。一支有荣誉感的团队是有希望的团队，是伟大的团队。每个人都应该体会过集体荣誉感的神奇力量，它是一个集体凝聚力的来源，为了追求或捍卫某种荣誉，浑身上下会产生无穷的动力。

2009 年 5 月 12 日，NBA 西部半决赛第四场如期举行，对阵双方是小牛队和活塞队。本场比赛十分激烈，此前三战，小牛队 0 比 3 落后。结果没有悬念可言，因为在 NBA 几十年的发展历史上，还从没有哪支球队能在 0 比 3 落后的情况下扭转乾坤。

本场比赛之前，小牛队球员在接受采访时说："我们已经没有退路了，要么赢下比赛，要么开始放假。"虽然，胜败已经无法扭转，但是为了荣誉，小牛队依然冲劲十足！果然，在本场比赛中，小牛队全队上下同仇敌忾，为了小牛队的荣誉，德国人诺维茨基用行动证明，他是小牛队当之无愧的领袖，他全场砍下 44 分，其中最后一节拿到 19 分，没有让球队颜面无存，扳回一局，避免了 0 比 4 被横扫的窘况。

每个人对荣誉的需求是精神需求，这种精神需求为人们输送精神力量，同时督促人们把精神力量转化为行动。在一个组织内部，荣誉感不仅能够规范组织和成员的行为，使组织的效率得到极大幅度的提高，还能够创造非凡的力量！

2007年的亚洲杯，留给亚洲球迷一份永久难忘的回忆，这要归功于伊拉克队在本届赛事上的卓越表现。起初，几乎所有人都不看好伊拉克队。直到半决赛，人们才改变了看法。

在半决赛中，伊拉克队通过点球大战以4比3战胜韩国队，历史上首次闯入亚洲杯决赛。这场比赛中，伊拉克队首发11人坚持了90分钟，而以体能著称的韩国队队员早已气喘吁吁，伊拉克队员因此赢得了"钢铁战士"的称号。

然而，谁曾想到，伊拉克队队员的体能竟然是在战争中练就的。2007年的伊拉克陷入战争的灾难之中，国内局势十分动荡，有时为了躲避军队，伊拉克队只能绕道赶往训练场。后来，坦克开进了巴格达体育场，足球场被毁，他们失去了唯一的训练基地。于是，他们只能把草地稍作整理作为训练场，为了躲避战争，还要不停地转移阵地。

如此艰苦的训练让人感叹伊拉克队队员崇高的集体荣誉感。荣誉感使他们战胜了死亡的威胁——在当时的伊拉克，生命的危险时时存在。在他们征战亚洲杯期间，多名队员的亲人在战争中丧生，他们忍受着巨大的悲痛为国家的荣誉而战。荣誉感使他们创造了奇迹。

北京时间7月29日晚20点35分，决赛正式打响，伊拉克队迎战沙特阿拉伯队。第73分钟，尤尼斯头球攻门中的，帮助伊拉克队首夺亚洲杯冠军。这场比赛已经超越了足球的意义，伊拉克队的每一名队员都知道自己身上的使命——半决赛点球击败韩国队后数小时，伊拉克国内连续爆发多起自杀性炸弹事件，造成近百名庆祝伊拉克队胜利的群众死亡——伊拉克球员臂上都戴着黑袖标，主教练维埃拉也戴着黑袖标，他们发誓要用球场上的胜利来祭奠死去的同胞，用胜利为祖国赢得荣誉！

无论是在战场上，还是球场上，集体荣誉感都是至关重要的。同样，在商业组织内部，如果团队成员对自己的工作有足够的荣誉感，对自己的职业和团队引以为荣，他必定会被激发出无与伦比的工作动力和热情。荣誉感是团队的灵魂，如果团队成员没有荣誉感，纵使有最为完善的管理制度，也难以使其产生追求完美工作的动力。集体荣誉感就是人的一种自我约束和自我激励，即便没有外部的约束，也会带动整个团队的力量。

在日本汽车界流传着这样一个故事——

本田汽车的一名员工下班后都会仔细地观察停靠在公司附近路边上的每一辆本田汽车，一旦看到有哪辆汽车的刮雨刷落位不正，他都要伏身到车前很细心地把它整理好，但这与他的工作完全不相干。

他的做法被发现后曾引起人们的广泛关注，他解释说："在我眼里，本田汽车是完美无缺的，是不能出现任何瑕疵的，我不希望看到有任何不完美的地方出现在它的身上，我愿意为公司产品的良好形象做任何事情。"

事实证明，荣誉感的力量是强大的。荣誉感不仅是一种感召力，更是一种弥足珍贵的工作热情。荣誉感不是与生俱来的，而是需要长期培养的一种珍贵品质。所以，组织的领袖要想使成员具有强烈的荣誉感，就要加强对他们的培养。管理者不仅要帮助成员树立正确的荣誉观念，还要塑造出集体精神，让成员都为团体荣誉而战。这样，在不久的将来，这支团队一定会创造出奇迹！

第七章

稳定人心，
得人心者得天下

避免过度升迁，给成绩卓越的人发奖金

《没有任何借口》的作者费拉尔·凯普说："在一个管理制度健全的企业中，所有升迁都是凭借个人努力得来的。想摧毁一个组织的士气，最好的方式就是制造'只有玩手段才能获得晋升'的工作气氛。"

管理学大师德鲁克认为：即使在高速成长的企业里也只有少数人能够升迁到管理者，每5位人员中就会有3至4位因为未能升迁而情绪不振。在德鲁克看来，哪怕是最好的人事安排和晋升的程序，也不一定能建立和加强组织的精神而不是破坏它。升迁都是有陷阱的。第一个陷阱就是涣散人心，让员工对升迁的公平性产生质疑。升迁的第二个陷阱就是会导致人心不稳，让未获得升迁的人士气低落。在提拔员工之前，所有的员工都处于一种习惯上的平衡。员工的升迁会打破这种平衡，进而引发意想不到的问题。

D公司是一家高科技公司，拥有员工350名。该公司最近雇用了一名刚获得MBA学位的贺小姐，她能力强，基础扎实，办事果断，有开拓精神，人际关系也很好。她进入公司后工作表现令人满意，很快就被提升为部门主管，这时她才来公司3个月，而其他同样的员工往往要工作一年才能升到这个位置。在贺小姐任职的第三年，由于出色的工作表现，她被任命为一项尖端项目的开发负责人，这项工作非常重要，而且正面临另一家公司的竞争。

任命刚两个月，D公司老总意外地接到这个项目组中5位专家的辞呈，他们都有可能去竞争对手的公司服务，为竞争对手工作。老总找他们谈话，原来问题出在贺小姐身上。他们对贺小姐的工作没什么不满意，甚至认为她是项目组中最勤奋的人，但是他们不满意她居然比他们这些在公司工作了七八年的人升迁得快得多，因此，他们要到其他公司去施展才干，与她一比高低。

在一起工作，尤其是对同时进入公司的员工来说，如果一个升职了，另一个会在心里打起退堂鼓：为什么同时来公司，同样能干，同样为公司做出了业绩，升迁的是他不是我？心理不平衡，工作热情就会受挫，这时，如果领导没有觉察到并采取一定的措施，那么最后就会失去这位干将。所以，不要想当然地觉得给员工升职是好事，要照顾好周围人的情绪，采取得当的措施来稳定未被升迁人的内心失衡。

此外，管理者自认为升迁会受到被升迁者的欢迎，殊不知，因为忽视了对方的真正需求以及对于职位、工作环境变动的抵触，使升迁成了被升迁人一种难以接受的命令，这也是升迁面临的第三个陷阱。

在一家以美国为基地的多国公司的一个管理集团中，大家一致认为，最能干的人是意大利分公司的经理曼佐尼博士。曼佐尼最初为这家公司所知时，是代表着被这家公司买下的一家中等规模的意大利公司所有主的律师。美国总经理对他的印象很好，所以在几年以后，当意大利分公司遇到麻烦时，就要求他来接管它。曼佐尼使意大利分公司恢复到健全状态并迅速地使之成为意大利同业中的领先企业。当欧洲共同市场成立时，他计划并实现了该公司在整个西欧的扩展。

美国总部的总经理因年老而即将退休，人人都想到了曼佐尼来顶替职位。但曼佐尼直截了当地拒绝了。他说："我的几个儿子正在上高中，我不愿他们移居国外。我的妻子有着年迈的双亲不能离开。而且，坦白地说，我认为在美国中西部的一个小城镇中并不太舒服，不像罗马那样有吸引力。我知道，我能胜任你们要我担任的职务——而且这项职务很吸引人，远超过我最大胆的梦想。但是，对我来讲，这项职务还是不合适的。"最终，曼佐尼选择了离开。

如何避免过度强调升迁？德鲁克说，工资和工资结构是以清楚可见的方式反映出一个人在组织内的地位及所受到的认同。为了避免过度重视升迁，就应该给工作有卓越表现的人发放奖金，而且这个奖金也应该与因为晋升而增加的工资差不多。这样，才能使未升迁的人避免因心理失衡而士气低落。

把大奖放在明面，把小奖设在私下

奖励能带动员工的积极性，让大家更好地为企业效力，但奖励要掌握方法，不然不但折了钱财还涣散了人心。

比较好的方法是把大奖设在明面上，把小奖用在暗处、私下里，这样的做法能稳定人心，调动积极性。业务骨干做出一些令领导者引以为荣的事情，这时领导者应及时地给他们喝彩，调动业务骨干的积极性，让他们更加努力地干好每件工作。否则，业务骨干的努力得不到领导者的赞美、肯定，那么他们还会努力地为你工作吗？你还有什么成绩可谈？上司又会对你有什么样的看法呢？

美国的一家有限公司是发展迅速、生意兴隆的大公司。这个公司办有一份深受业务骨干欢迎的刊物《喝彩·喝彩》。《喝彩·喝彩》每月都要通过提名和刊登照片对工作出色的员工进行表扬。

这个公司每年的庆功会更是新颖别致：受表彰的业务骨干于每年8月来到科罗拉多州的维尔，在热烈的气氛中，100名受表彰的业务骨干坐着架空滑车来到山顶，领奖仪式在山顶举行，庆功会简直就是一场狂欢庆典。然后，在整个公司播放摄影师从头到尾摄下的庆功会全过程。工作出色的业务骨干是热闹场面中的中心人物，他们受到大家的喝彩，从而也激励和鼓舞全体业务骨干奋发向上。

在企业管理中，奖励并不只是塞钱给员工那么简单，该当着大家面奖励的暗地里奖励，有可能会引起员工间的互相猜忌；该暗地里奖励的当着大家面奖励，有时候会让受奖的员工比较难做；该大奖的小奖，根本起不到激励的作用；该小奖的大奖，反而会降低受奖者的工作动力。奖励要掌握技巧，这样才能稳定人心，起到奖励的积极效果。

美国一家纺织厂激励业务骨干的方式也很独特。这家工厂原来准备给女工买些价钱较贵的椅子放在工作台旁，以便休息的时候用。后来，老板想出了一个新花样：规定如果有人超过了每小时的生产定额，则在未来的一个月里，她将赢得椅子的使用权。奖励椅子的方式也很特别：工厂老板将椅子拿到办公室，请赢得椅子的女工进来坐在椅子上，然后，在大家的掌声中，老板将她推回车间。

美国的一些公司，就是这样以多种形式的表扬和丰富多彩的庆祝活动，来激发业务骨干的积极性和创造精神。

这两家公司都注重运用荣誉激励的方式，进一步激发业务骨干的工作热情、创造性和革新精神，从而大大提高了工作的绩效。荣誉激励，是根据人们希望得到社会或集体尊重的心理需要，对于那些为社会、为集体、为公司做出突出贡献的人，给予一定的荣誉，并将这种荣誉以特定的形式固定下来的一种奖励方式。这既可以使荣誉获得者经常以这种荣誉鞭策自己，又可以为其他人树立学习的榜样和奋斗的目标。因而荣誉激励具有巨大的社会感召力和影响力，能使公司具有凝聚力、向心力。

凡是有作为的公司管理者无不善于运用这种手段激发其下属的工作热情和斗志，为实现特定的目标而做出自己的贡献。

业务骨干工作勤恳卖力，使公司蒸蒸日上；业务骨干为你的事业做出了突出贡献，那么作为领导者，你千万不要吝惜自己的腰包，要不失时机地给他们以金钱奖励，大奖明奖，小奖暗奖，让他们感觉到自己的努力没有白费，多付出一滴汗水就会多一分收获。

奖励可分明奖及暗奖。国内公司大多实行明奖，大家评奖，当众评奖。

明奖的好处在于可树立榜样，激发大多数人的上进心。但它也有缺点，由于大家评奖，面子上过不去，于是最后轮流得奖，奖金也成了"大锅饭"了。同时，由于当众发奖容易产生嫉妒，为了平息嫉妒，得奖者就要按惯例请客，有时不但没有多得，反而倒贴，最后使奖金失去了吸引力。

外国公司大多实行暗奖，管理者认为谁工作积极，就在工资袋里加钱或另给"红包"，然后发一张纸说明奖励的理由。暗奖对其他人不会产生刺激，但可以对受奖人产生刺激。没有受奖的人也不会嫉妒，因为谁也不知道谁得了奖励，得了多少。

其实有时候管理者在每个人的工资袋里都加了同样的钱，可是每个人都认为只有自己受了特殊的奖励，结果下个月大家都很努力，争取下个月的奖金。

鉴于明奖和暗奖各有优劣，所以不宜偏执一方，应两者兼用，各取所长。

比较好的方法是大奖用明奖，小奖用暗奖。例如年终奖金、发明建议奖等用明奖方式。因为这不易轮流得奖，而且发明建议有据可查，无法吃"大锅饭"。月奖、季奖等宜用暗奖，可以真真实实地发挥刺激作用。

不评判，点评员工时保持"中立"

不管在什么环境中，在听到一些人表达私人看法时，人们一般都会忍不住去点评一番，并在潜意识里参照自己的标准为对方的回答打分。人们总会不自觉地给自己封上一个"评论官"当当，这在日常交流中也很正常。可是如果企业的管理者也喜欢上了"点评"，总在员工发表意见后"多一下嘴"，无论你是有意还是无意的，员工总会记住你的点评。这也就意味着管理者的一些不好的"点评"，让员工们也"铭记"于心，以后员工再在你面前发表意见时就会有所保留了。

如果管理者发表的是一些好的"点评"，是不是对员工会好一些？

一家公司的CEO，在开会的时候提出了一个问题，然后征求员工的意见，在员工陆续都发表完自己的意见后他又点评了一番。第一个员工发表完意见后，他说："不错，你这个想法很独特。"第二个员工发表完意见后，他说："你这个意见很深刻。"第三个员工发表完意见，他说："你这个想法很好。"到第四个员工发表完意见后他却只字未说。员工会怎么想？第一个员工会很受鼓舞，第二个员工还有一些高兴，第三个员工也就象征性地笑笑，第四个员工就会非常不高兴。为什么？因为你的好的"点评"用在第一个员工身上他会觉得很珍贵；用在第二个员工身上他也会觉得被赞赏；用在第三个员工身上他就会觉得这位CEO的好的"点评"只是口头上的习惯，并没有要夸奖他的意思；而第四个员工就会觉得CEO这么常用的"点评"却不用在他身上，分明就是在忽视他。

这位 CEO 并没有忽视第四位员工的意思，他只是刚好这个时候忘记要说什么，就没有"点评"。而对于另外三个员工，他也是真心地"点评"的。

作为公司的 CEO，每个员工都会很注意他的反应。他的每一个"忘记"，都可能让员工有不好的猜疑。同时无论 CEO 的用意有多好，他最终都是在给员工的答案打分，而不是接受员工的答案，这样做的结果就是，下次员工在回答问题的时候会变得更加小心，更加不愿意表达自己的意见。

企业的管理者，在对员工"点评"的时候，其实就是在评判员工。员工试图发表自己的意见，而管理者却对员工品头论足，员工会怎么想？就像在医生接待病人的过程中，病人说出自己的病因症状的时候，医生却只追问病人"你为什么要得病"。病人是来求医的，不是来受教育的，医生只需负责把病人的病治好就够了。管理者也一样，只需要得到员工反馈来的信息就够了，要保持中立，不做任何评判，员工对管理者也就不会有任何不好的想法。

药材企业的销售部经理王元在公司里一直深得员工的喜爱。他总是会抽出时间来聆听员工们的意见，员工在发表意见的时候，他从来不在中间有任何的"点评"。他只会说"谢谢，我了解了""谢谢你，我还真没想到这个"或者"谢谢你，你的话的确值得我好好考虑"。员工都觉得自己的意见在王元经理那儿都能得到肯定，于是就很乐意说出自己的想法。销售部一直就是企业里最活跃的部门，常常会因为一些巧妙点子的运用而在市场上大获成功。王元管理的法宝就只有一个：从不在员工发表意见时"点评"，保持管理者的中立态度。

管理者保持中立，会有很大的好处。

员工会觉得你是一个容易相处的人。如果你能始终如一地坚持下去，别人甚至会把你看成是一个虚怀若谷的人，这样他们就可以大胆地就他们的创意跟你沟通，而丝毫不用担心会有什么不愉快的事情发生。

管理者如何做到不"点评"，保持中立呢？

在每一次有"点评"的欲望时，就用别的语句代换掉，如上述的"谢谢，我了解了""谢谢你，我还真没想到这个"，或者"谢谢你，你的话的确值得我好好考虑"。

讲出你的感受，摆脱员工的依赖

管理者掌握公司很多项目的生杀大权，几乎可以控制一切。管理者可以让一个项目生效也可以让一个项目停止，可以控制会议的时间、地点和进程，可以提携或开除任何一个员工。管理者不需要对员工负责，而员工必须要向管理者汇报。

慢慢地，员工就习惯地依赖管理者，因为他们只有从管理者那儿得到肯定才能安心工作。某些管理者，他的员工可能会用每周与他面谈的时间长短来衡量自己在他心目中的地位。看起来，这对管理者建立一支强有力的团队有催化作用，但是越来越多的依赖会让管理者发现这样也会给自己带来麻烦。

某顶级时尚杂志的主编王雯，是一位自我管理能力极强的女士。她能够适应高强度的工作压力，也能够照顾好自己的两个孩子。在员工的心目中，她是一位完美的上司；在孩子的眼里，她是一位完美的母亲。她顾全大局，公正，能与员工敞开心扉。

可是，渐渐地，她感觉到了身边的麻烦事。作为一位慈爱的母亲，她以前总会在 6 点半之前回家陪伴自己的孩子，可现在几乎每天晚上她都到 9 点半左右才能回家。她十分爱自己的工作，总会因为公司里这样或那样的事情而推迟下班的时间。她认真地想了想，得出了一个结论：她的员工太依赖她了。

在她的公司里，她提倡员工开放自己的思想，员工可以随时随地与她展开交流。员工也很愿意与她交流。渐渐地，员工与她的交流时间越来越多，这让她变得非常繁忙。而且总有员工在下班后要求与她面谈，她离开办公室的时间也就越来越晚了。

"我想和你交流一下。"员工下班的时候走进了她的办公室。

"好的，你说吧。"作为一个完美的上司，她总是会答应的。她想通过她的管理来掌控地位，可是，事情并没有按照她预想的轨迹发展，逐渐变得失去了控制。

她想办法解决掉这个麻烦，她不能从此不与员工交谈，因为这样员工就会觉得自己被她"遗弃"了。可是她又必须让员工独立，让自己的管理"闲起来"。于是她把自己的下属管理者召集了起来，讨论了两个问题：

（1）你们要分析一下自己的职责，然后告诉我你们应该在哪些地方需要参与进来。让员工们知道哪些时候可以不去麻烦我，可以麻烦你们。我要给你们更多的责任，你们要主动地、大方地承担。

（2）我想让你们问一下手下的员工：哪些工作可以不经过我而独自完成？我是不是过多地参与了你们的细节工作？你们要让自己的下属更加独立。

王雯对下属提出了两个问题之后，他们也进行了反思。他们把她的想法渗透给了员工，员工也在努力地改变着。不久之后，王雯又能每天在6点半之前回家了。

管理者发现员工过于依赖自己的时候，不妨使用相同的办法。员工占用管理者太多的时间，管理者就应该告诉他们自己的感受。管理者可以委婉地透露给自己下属，通过他们让员工知道自己到底应该怎么做。员工也许就会明白自己哪些工作可以独立完成，哪些工作需要通过与管理者面谈才能确定。这其中有明确的界限，管理者应该能把握住分寸，这也是管理者的职责所在。

领导的庇护是下属的定心丸

只把下属当"下属"的领导，永远都不能得到下属的"誓死效忠"。放下自己的"架子"，用交朋友的心态对待下属，才能俘获下属的"心"。

作为下属，当遇到一些工作中的困难时，最期望得到的就是上级的支持和庇护，上级的一丝垂青、一句安慰，都会使下属内心倍感安慰，使他愿意向上级敞开心扉，表露心迹。下属对上级的这种信任，是上级领导做好工作所必需的。

何秘书其人精明干练，不光把本公司上下打点得甚是周到，其他一些关系单位也在何秘书的活动下与本公司亲如手足，因此，一时间何秘书几次加薪，大红大紫。然而，好景不长，很快，有关何秘书利用公司为本人拉关系、报怨加薪不公等谣言一一传出，这话既传到总经理的耳中，也传到了何秘书耳中。何秘书怕谣言再出，不得不偃旗息鼓，少出风头，这样难免士气低落，影响了效率。

总经理明察暗访后，知道有人从中作梗，便找出了源头，在大会上进行了批评，并为何秘书平反，立下"再有无故生事者，立即解雇"的规定。这样何秘书又恢复了从前的干劲，公司又有了活力。

用心做事的下属受人攻击在所难免，表现出色的下属也常常惹人嫉妒，成为被打击的对象。一些下属常常面临这种困境。

要做事就要改变落后的现状，这自然会触动一些人的利益，得罪人是难免的，而且一个不小心就会被别人伺机报复。因此，原来一向很有干劲、工作出色的下属常常因为无法忍受别人的污蔑和报复以致失去信心。

这时，领导者应该路遇不平拔刀相助，为下属撑腰，做下属的保护人，铲除当道奸人，给下属一个宽松的工作环境。这样才能赢得下属的拥护。若是不管不问，下属便会抱定"多做多错，少做不错"的信条，那样，谁还会为你做事呢？

某主管由于动辄指责下属，深受下属的鄙视。有一天，该主管的顶头上司——也就是老板，怒气冲冲地走进办公室，无视主管的存在，指着制定工作计划的一位部门经理说："写的什么计划？"这时，那位经常指责下属的主管却适时地站了出来说："是我要他这样写的，责任由我来负！"

从此以后，气氛完全变了，这位主管虽然仍和过去那样动辄厉声指责下属，但下属对主管的态度却已与从前大为不同。因为他们意识到主管是真的在为他们着想。

令人惊异的是，经过此事后，老板也更加信任这位主管了，并对他说："你早该这么做了！"

通过这样一件简单的事情，这位主管不仅得到了下属同事的心，同时也赢得了顶头上司的心，真可谓一举两得。

领导者要有意识地保护贤良，铲除奸人，应注意以下几点：

（1）清除害群之马。对那些见人提升就患"红眼病"的人，无所事事传播谣言者要严惩不贷，以免一条臭鱼腥了一锅汤，损害整个集体的利益。

（2）做贤良员工的坚强后盾。当员工被人指责时，领导应查清情况，明辨是非，为冤者平反，树立企业公正的形象，做员工坚强的后盾。这样才能上下一心，共谋大业，创造辉煌。

（3）树立企业公平竞争的风气。对嫉妒、暗中使坏现象一定要杜绝，使企业上下公平竞争，使害群之马无可乘之机，无立身之地，这样公司才能长盛不衰。

做一个公正无私的领导者，为下属撑腰，既为自己增添了权威和个人魅力，又为公司的高效运转助了一臂之力，是一个一举两得的好方法。

过于苛求只会人心涣散

古语说："水至清则无鱼，人至察则无徒。"说的是在与人相处的时候不要用放大镜看人的缺点，如果过分地追求完美，不断指责他人的过错，就会失去朋友和合作伙伴。

历史上，懂得宽容的人多是会做事的人。这样的例子几乎举不胜举。

被称为"春秋五霸"之一的楚庄王，有一次宴请群臣，要大家不分君臣，尽兴饮酒作乐。正当大家玩得高兴时，一阵风吹来，灯火熄灭，全场一片漆黑。这时，有人乘机调戏楚庄王的爱姬，爱姬十分机智，扯下了这个人的冠缨，并告诉楚庄王："请大王把灯火点燃，只要看清谁的冠缨断了，就可以查证谁是调戏我的人。"群臣乱成一片，以为定会有人丧命，可是，楚庄王却宣布："请大家在点燃灯火之前都扯下自己的冠缨，谁不扯断冠缨，谁就要受罚。"

当灯火再燃起来的时候，群臣都已经拔去了冠缨，那个调戏楚庄王爱姬的人自然无法查出。大家都舒了一口气，又高兴地娱乐起来。

两年以后，晋军进攻楚国。这时，一名将军勇往直前，杀敌无数，立了大功。楚庄王召见他，赞扬他说："这次打仗，多亏了你奋勇杀敌，才能打败晋军。"这个将领泪流满面地说："臣就是两年前在酒宴中调戏大王爱姬的人，当时大王能够重视臣的名誉，宽容臣的过错，不处罚臣，还给臣解围，这使臣感激不尽。从那以后，臣就决心效忠大王，等待机会为大王效命。"

任何一个想成就一番事业的人，在与他人交往的时候，都应该眼光高远，胸襟博大。要做到这一点，就必须克己忍让，宽容待人。如果都像《三国演义》中的周瑜那样心胸狭窄，总是产生"既生瑜，何生亮"的思想，又如何能与人合作呢？

在这方面，被人们称为"三国时代风云人物""乱世英雄"的曹操堪称典范。曹操不仅能够与身边的人很好地合作，甚至还能不计前嫌、化敌为友。

公元 200 年，曹操的死对头袁绍发表了讨伐曹操的檄文。在檄文中，曹操的祖宗三代都被骂得狗血喷头。曹操看了檄文之后问手下人："檄文是谁写的？"手下人以为曹操准得大发雷霆，就战战兢兢地说："听说檄文出自陈琳之手。"曹操于是连声称赞道："陈琳这小子文章写得真不赖，骂得痛快。"

官渡之战后，陈琳落入曹操之手。陈琳心想：当初我把曹操的祖宗都骂了，这下子非死不可了。然而，曹操不仅没有杀陈琳，还委任他做了自己的文书。曹操还与陈琳开玩笑说："你的文笔的确不错，可是，你在檄文中骂我本人就可以了，为什么还要骂我的父亲和祖父呢？"后来，深受感动的陈琳为曹操出了不少好主意，使曹操颇为受益。

曹操与张绣的合作也使后人钦佩他的宽宏大量。看过《三国演义》的人都知道，张绣是曹操的死敌，两个人有着深仇大恨。曹操的儿子和侄子都死于张绣之手。但是，在官渡之战前，为了打败袁绍，曹操考虑到张绣独特的指挥才能，主动放弃过去的恩恩怨怨，与张绣联合，并封他为扬威大将军。他对张绣说："有小过失，勿记于心。"张绣后来在官渡之战和讨伐袁谭的战役中，十分卖力。

官渡之战结束后，曹操在清理战利品的时候，发现了大批书信，都是曹营中的人写给袁绍的。有的人在信中吹捧袁绍，有的人表示要投靠袁绍。曹操的亲信们建议曹操把这些当初对他不忠心的人抓来统统杀掉。可曹操说："当时袁绍那么强大，我自己都不能自保，更何况众人呢？他们的做法是可以理解的。"于是，他下令将这些书信全部烧掉，不再追究。那些曾经暗通袁绍的人被曹操的宽宏大量感动了，对曹操更加忠心。一些有识之士听说了这件事，也纷纷来投靠曹操。

人非圣贤，孰能无过？有道德修养的人不在于不犯错误，而在于有过能改。《尚书·伊训》中有"与人不求备，检身若不及"的话，意思是说，对别人不能求全责备，对自己要严格约束。要求别人怎么去做的时候，应该首先问一下自己能否做到。推己及人，严于律己，宽以待人，才能团结别人，共同做好工作。一味地苛求，就什么事情也办不好。

齐国的孟尝君是"战国四公子"之一，以养士和贤达而闻名。他的门客有时多达三千人，只要有一技之长，就可投其门下。他一视同仁，不分贵贱。他因养士而在一定程度上保全了国家。有一次，孟尝君的一个门客与孟尝君的妾私通。有人看不下去，就把这事告诉了孟尝君："作为您的手下亲信，却背地里与您的妾私通，这太不够义气了，请您把他杀掉。"孟尝君说："看到相貌漂亮的就喜欢，是人之常情。这事先放在一边，不要说了。"

一年之后，孟尝君召见了那个与他的妾私通的人，对他说："你在我这个地方已经很久了，大官没得到，小官你又不想干。卫国的君王和我是好朋友，我给你准备了车马、皮裘和衣帛，希望你带着这些礼物去卫国，与卫国国君交往吧。"结果，这个人到了卫国并受到了重用。

后来齐卫两国因故断交了，卫君很想联合各诸侯一起进攻齐国。那个与孟尝君的妾私通的人对卫君说："孟尝君不知道我是个没有出息的人，竟把我推荐给您。我听说齐、卫国的先王，曾杀马宰羊，进行盟誓说：'齐、卫两国的后代，不要相互攻打，如有相互攻打者，其命运就和牛羊一样。'如今您联合诸侯之兵进攻齐国，这是违背了您先王的盟约。希望您放弃进攻齐国的打算。您如果听从我的劝告就罢了，如果不听我的劝告，像我这样没出息的人，也要用我的热血洒溅您的衣襟。"卫君在他的劝说和威胁下，最终放弃了进攻齐国的打算。齐国人听说了这件事后，说："孟尝君真是善于处事、转祸为福的人啊。"

待人接物，不能对人过于苛求，对别人过于苛求，往往使自己跟别人合不来。社会是由各式各样的人组成的，有讲道理的，也有不讲道理的，有懂事多的，也有懂事少的，有修养深的，也有修养浅的，我们总不能要求别人讲话办事都符合自己的标准和要求。

对于管理者来说，赏罚分明是永远不变的宗旨，但要掌握好平衡和分寸，并不是员工不管犯什么错、每次犯错都要罚，只知道按照规章制度去管理的人，不会是一个好的管理者。

对"会哭"的员工不随便给糖

"会哭的孩子有糖吃"是民间的一句俗语，意思是说，一群孩子中，往往会哭的孩子能得到关注，有糖吃。于是，生活中便用这句话来形容这样一些现象：同样的一群人中，乖巧的往往得不到奖励；相反，会哭会闹的人往往会得到嘉奖。

这种现象在职场中非常普遍。比如，同样是员工，能力相差无几，但会"哭闹"、会抱怨的员工会得到奖励，即使这个哭闹者的能力远远不如其他员工，只要抓住了领导的弱点，哭闹几场便可以涨工资或是领奖金。哪里有压迫，哪里就有反抗，老板这样做，那些勤奋、实干、有能力的员工肯定会心生愤怒，大叫不公平，不仅工作受到影响，有的甚至还会拍案离去。

所以领导切记，不管这个"孩子"多会哭闹，都不要随便给他"糖"吃，要以能力和贡献为准。

甲和乙从一起面试到一起被录用，成了要好的同事。

对于甲来说，能够在几百个应聘者中被挑中，他感到非常荣幸，而最让甲感到温暖无比的是，老板单独给他和乙开小会告知：他们俩的试用期会比其他新同事少，而且工资也比其他人多几百元。

之后，甲把老板当知己一样对待，事事都为老板着想，工作认真积极，常常加班加到半夜，可谓废寝忘食。

转眼试用期过去了，甲的工资并没有像老板许诺的那样一路上涨，只

162

是在几个月后象征性地涨了200元。而且在发工资时，表面上财务室里发给甲和乙的工资和其他同事无异，这悄悄涨的200元只能在私下里，由老板给他们每人包一个红包。

就这样，因为这么一个红包，甲的心里隐隐地有些优越和受器重的感觉，所以，即使偶尔会觉得自己的付出与所得不成正比，也不会说什么。因为对于老板，他的感激更多一些，足以抵消这些抱怨。

一天，乙提出了辞职。晚上，甲和乙在餐馆里吃饭话别，乙说他早就厌烦了这样没日没夜的工作，更加厌烦了老板那张刻薄的嘴脸。

这让甲很有同感，他说："是啊，这么久了，一个月还是那么1500元的工资，可是不管怎么说，老板还额外给咱一个红包，咱也不好意思再提加薪啊……"

谁知，话刚说完，乙便摇了摇头，用同情的眼神向甲述说了一个令甲吃惊不已的事情：

"你还真是傻乎乎的啊……其实我的工资早就已经是4000元了，而你却还是抱着1500元的工资过日子。咱的工作业绩与工作时间早就超额，为他创造不少利益了，加薪是理所当然的，对于他来说也不过是九牛一毛，可是老板就是一毛不拔，非得咱亲口提，你不好意思，他就不加。如果换成是别人，要么不加班，要么就加薪。我试用期满后的两个月便向老板提出加薪了，他单独给我涨到了2000元；又过了两个月，我再次向他诉苦，说自己的工作量与时间已经完全超额了，付出与得到根本不成正比，于是，他又给我加到了3000元；又过了半年，公司总体业绩突出，相对于上一年来说，已经增长了10个百分点，这样的成绩，我们功不可没啊……所以，我又找老板谈了，这次他死活也不给我加。所以我就拿着从网上下载的全国同类型行业员工工资数据去找他，让他看看其中的差距，他一是无话可说，二是怕我联合你们，所以就再次给我加薪，加到了4000元。当时他的表情很严肃，特别交代我不要把这个情况泄露给你们，不然公司就大乱了……现在我要走了，本来是不想说的，但看到你工作上比我认真，业绩上比我突出，能力上也强，但只因你羞于和他谈钱，他便钻了空子，捏你个正着。这么多年了，你还没看清吗？你永远都不要等老板提加薪，他是不会主动做这样的事情的。"

那一夜，甲失眠了。

现实生活中有不少这样的例子，就是因为这些领导者手中握着决定组织成员利益的权力，才使得团队成员的利益有了分化与差距。

而这个差距通常并不是按照"能者多劳，多劳者多得"的原则来划分的，而是谁"哭闹"谁就得，"不哭不闹"就得不到。如此一来，会"哭"会"闹"的，付出的精力并不一定比其他同事多，却可以拿到比其他同事更多的报酬。

稳定人心从避免独裁开始

人心不稳，团队就会涣散，企业就没有绩效。而在企业管理中，稳定人心的一个重要方面就是：避免独裁，独裁会导致失败。人才对企业发展无疑是非常重要的，但即使天才，也不可在公司搞独裁。而沃德公司却将企业安危系于埃弗里一人身上，这是一种非常危险的行为。因为个人的能力是有限的，只有集体决策才能提高决策的科学程度。而埃弗里的专断，听不进异己之见，自然会导致企业失败。

休厄尔·埃弗里无疑是个不一般的人，他曾经成功地挽救了沃德公司，但同样是他，又几乎倾覆了沃德公司。

休厄尔·埃弗里何许人也？埃弗里1874年出生于密歇根州的萨吉诺，是密歇根一个富有的木材商的儿子。在他一生中的许多年里，他一直是一个值得敬佩的成功者。1984年，他从密歇根州立大学法学院毕业，并开始在他父亲手下的一家小石膏厂做基层工作。在22岁时，他已是这家工厂的经理。1901年，这家小企业被美国石膏公司吞并。四年以后，埃弗里成为美国石膏公司的总经理。《时代》杂志把他描述为"一个和蔼的、卓越的超级推销商"。正是他把美国石膏公司建成美国最大的建筑材料供应商。

此后，埃弗里的人生出现了一次大的转机。在经济大萧条最严重的1932年，受沃德公司的董事和股东之托，埃弗里临危受命挽救这家岌岌可危的公司，因为沃德曾在1931年出现了870万美元的巨额赤字。埃弗里将一批年轻有为的经理人员召集在自己的周围，他在沃德公司的存货中增加许多高档品，并声称：

"我们不再依靠那些乡下佬和土包子，不再只卖工装裤和防粪鞋。"他使公司重新进入了时髦商品市场，改进了商品目录，关闭了 70 家亏损商店。

经过一番艰苦的努力，埃弗里成功了。12 年后，他已把 1931 年的 870 万美元的亏损扭转为 1943 年的 2043.8 万美元的盈利。在 1932 年，这家公司的亏损是西尔斯公司的 22 倍，营业额却只有西尔斯公司的 65%；而到 1939 年，沃德公司的营业额已相当于西尔斯公司的 82%，利润则是西尔斯公司的 84%。

事情如果到此为止，埃弗里可谓功成名就。但在公司经营顺利时，埃弗里却犯了一个不可饶恕的错误，即对企业实施独裁和错误的领导。埃弗里以铁腕手段控制着沃德公司，不接受任何异己之见。在他任职期间，有 3 位总经理、24 位副总经理和许多其他高级管理人员先后离开了公司。在他们中间，有些人未来成为洛德和泰勒公司及 W.T. 格兰特公司的总经理。由于埃弗里的独裁，公司很难留住那些能干的经理人员，因为他们希望能够享有自主权，来做出积极进取的决策。

由于埃弗里的独断专行，以一个老式暴君的身份统治这个拥有 10 亿美元资产的公司，也由于公司没有民主决策机制，所有决策都由埃弗里做出，所以难以保证决策的团队化执行。恰好这时，埃弗里又犯了两个致命的错误：

其一，拒绝扩展经营规模。从历史上看，沃德公司的商店大多开设在乡间小镇上，这样做是为了拥有农村消费者，而他们在第二次世界大战之前被视为主要的市场。然而，第二次世界大战以后，人口的增加主要集中在大城市，尤其是在近郊，购物中心如雨后春笋般涌现并不可避免地从市中心和小型商业区那里抢走不少生意。但在这一购买方式发生重大变化的时期，沃德公司却拒绝扩大经营，拱手把市场送给了西尔斯公司、彭尼公司和其他竞争者。

其二，战略预测失误。沃德公司并非不具备扩张的条件，而是埃弗里对前景不看好。沃德公司既不缺乏资金，也不缺乏管理人才。事实上，该公司正储备着几百万美元的资金以备应用。资金如此充足，以至于公司一位副总经理曾说过这样一句后来被广泛引述的话："在今日美国，沃德公司是拥有商店门面的最好的银行之一。"但埃弗里有一个不可动摇的信念，即第二次世界大战结束后不久便会发生经济大萧条，而他的依据就是第一次世界大战后发生的大萧条。埃弗里预计，由于工业从军工生产转向民用生产，几百万退伍军人又要寻找工作，因此整个国家在把经济向和平时期调整时将会遇到很大困难。他预言"经济形势的恶化将是我们始料未及的"。他因此表示说："我们（沃德公司）将不做任何反应，我们非常审慎。"

如果形势的发展正如埃弗里所料，即在战争结束的 3 ～ 5 年内确实开始了严重的经济大萧条，那么他就可能成为一名英雄式的人物，他可能会像《商业周刊》杂志推测的那样，获得"美国最精明的商人"的赞誉。当他人都因经济萧条而陷于紧缩困境之时，沃德公司的现金和流动资产就可推动公司以得天独厚的价格优势进行扩展。不幸的是，经济发展的现实表明，埃弗里的预测是错误的。

埃弗里的独裁，导致了公司决策难以吸收异己之见，最终铸成了公司战略性决策的失误。公司既丧失了发展机会，又在竞争中败北。

首先，1945 ～ 1952 年，即第二次世界大战后实行经济控制的年份，沃德公司连一家新的商店都没有开设，反而关闭了 27 家商店，使沃德公司的商店总数由 632 家减至 605 家；1952 ～ 1955 年间，他又关闭了 37 家入不敷出的商店。与此同时，其竞争对手西尔斯公司却在蓬勃发展，商店总数由 1946 年的 610 家递增到 1952 年的 684 家。

其次，当战争结束后，西尔斯公司马上就掀起了自 20 年代以来最大的扩展浪潮，大约有 3 亿美元的资金押在战后经济会立刻使经济发展这样一种信念上。在战争结束后的头两年里，西尔斯公司的销售额从 10 亿美元猛增到近 20 亿美元，而休厄尔·埃弗里则采取了袖手旁观的态度，不做任何发展的努力，按兵不动，拱手让出了市场份额。

预测是企业发展的关键。埃弗里之所以在竞争对手大兴土木、大规模扩张时按兵不动，是因为他预测前景不佳。预测失误，使企业错过了发展机会。当然，这也是由于个人决策科学程度低所致。

让员工成为英雄

管理学大师德鲁克说：领导就是把一个人的眼界提到更高的水平，把一个人的成就提到更高的标准，使一个人的个性超越他平常的限制条件。德鲁克认为，只要有正确的领导方法，员工的潜力是无限的。著名科学家爱因斯坦说过："与应有的成就相比，每个人只能算是'半醒者'，大家往往只用了自己原有智慧的一小部分。"因此，最好的管理之道就是鼓励和激励下属，让他们了解自己所拥有的宝藏，善加利用，发挥它最大的神奇功效。

张安国是北京一家著名房地产公司的总经理，也是一位精于授权的领导者。他很少介入具体的管理工作，公司的经营管理、具体业务方面的事情他出面的时候很少，甚至厂商都不认识他，张安国也很少和厂商打交道。他倾向于把人员组织起来，把责、权、利充分地授权下去，从而考核结果。只有发现结果不大对劲的时候，他才去看一看，这人有没有选对？张安国很不喜欢介入到具体事情的过程里面去。

张安国有7个知根知底、合作多年、十分能干的副总，所以，他就可以"啥具体事也不用管"，"我不可能帮他们做他们分管业务的事，我的思路可能和他们不一样。我做浅了，他们不满意；我做深了，又可能会对他们的风格产生影响，这样更麻烦"。

张安国经常出差，去各专卖店转转，"不是具体指导他们做什么，就是和经理们聊聊，也不解决什么问题，别人一提什么问题，我就说：'好吧，你这事跟副总经理李为说说。'我要做的主要是人际方面、理念方面的沟通，以及看看不同城市市场的变化情况。"真正需要张安国做的事，通常是晚上和人吃饭、谈贷款、谈合作、沟通联络，等等。白天，张安国没有具体明确的事要做，就可以自由安排自己想做的事，给专卖店经理打打电话，上网逛逛，或者看看报，张安国有时一看报纸就看半天。

张安国总能如此潇洒清闲吗？"有些事情急的时候也很急，贷款没有如期下来，那也是焦头烂额的，但这个急不是企业具体事务的急。我所做的都是单件事情，而且是由我来出面相对比较好的；他们出面比较好时，我肯定不管。出了问题，肯定是他们的事，我一管，他们的责任心反而下降了。"

当然，没有副总们的精明能干，不会有张安国这般超脱，也不能如此超脱。但企业发展到一定规模的时候，确实需要领导者从具体烦琐的事务性劳动中解脱出来，去考虑更为宏观的事情。只有当事情没法分派给别人做的时候，张安国才亲自去做。张安国十分推崇一句话："能不能随时离开这个部门，是你是否已经管理好这个部门的唯一标准；能不能随时离开这个公司，是你是否已经管好这个公司的唯一标准。"

张安国对自己的长处短处认识得非常清楚，他是比较少见的承认自己有能力缺陷的企业家。他认为自己并不是一个最好的领导者，所以愿意寻找能力互补的人建立职业管理团队。虽然业内提起公司，对张安国知之甚少，反而对其下属的名字更熟一些，但这正是张安国要求达到的效果，他善于找到每项业务的最佳管理者并使该项业务达到极致。

张安国善于授权的事例告诉我们，他的成功诀窍就是"让别人成为英雄"。领导者必须有这样一种胸怀，为别人的成就打上聚光灯，而不是为自己的成就打灯。正如一位成功企业家所说的："如果最高领导者从来都不让他的副手分享领导权力，分享成功荣誉，而是把功劳全往自己身上堆，那谁还会跟着他干呢？除非是傻瓜。"

领导者可以通过下面几种方法帮助下属取得成功。

（1）告诉公司内部或外部的人，你们公司的领导者正在做什么。

（2）将公司的工作内容公诸于世。

（3）让你的下属参与公司重大决定的讨论。

（4）张贴优秀员工的相片。

（5）在通讯或广告中，刊载员工的故事和成就。

（6）在私下的会谈或公开演讲中，经常提及你下属的名字。

（7）写感谢信给你的支持者。

（8）公开展示顾客对某些员工的感谢信。

（9）告诉你的员工，你比我更有能力找出解决方案。

（10）把成功的功劳归功于你的副手。

（11）经常跟你的骨干说：你真棒，我不能没有你。

（12）让你的部属感到这项决定是由他们做的。

（13）给自己培养一个接班人，把更多的工作让他去做。

（14）"你真有天赋""我知道你能行"之类的话要常挂在嘴边。

（15）设置奖牌展示柜。

领导者应当每天至少将聚光灯打在一名下属身上，找出这个人所做的正是你希望大家效仿的事，让这名下属做一些大家都看得见的重要工作，并且向大家展示你对他的支持。这些步骤可以使你的下属产生激情，促使他把工作干得更好。

第八章

征服人心，
让大家心甘情愿地跟你干

不轻易用嘴巴承诺员工美好的未来

古时的皇帝都讲究"君无戏言"，身居高位者，一言一行都会受到很多人的监督，帝王食一次言，跟市井小民耍一次赖皮造成的后果天差地别，站得越高，摔得越惨，高处不胜寒。所以作为领导者，一定要时刻注意自己的言行，不要乱开"空头支票"。

这一点，阿里巴巴的总裁马云就做得非常好，他在公司管理过程中，一直强调不给任何人承诺的原则，而是用事实和行动来说话。马云不承诺任何人加入阿里巴巴会升官发财，因为升官发财、股票这些东西都是自己努力的结果，但是他会承诺加入者在阿里巴巴一定会很倒霉、很冤枉，干得很好领导还是不喜欢。经历这些之后，从阿里巴巴出去的人一定满怀信心，可以自己创业，可以在任何一家公司做好，他们会想：自己连阿里巴巴都待过，还怕你这样的公司吗？

在招揽人才的时候，马云并没有给应聘者过多的许诺，他唯一能许诺的是4年间的痛苦、委屈、不理解、难以沟通和失败的努力，那才是加入阿里巴巴的人真正的财富。在马云看来，在阿里巴巴工作的必须都是有梦想的人，因为只有把工作当作一种深造和学习来对待，才是创业型人才应该具备的素质。马云觉得21世纪人才最重要，对阿里巴巴来讲，期权、钱都无法和人才相比。员工是公司最好的财富，有共同价值观和企业文化的员工是公司最大的财富，今天银行利息是两个百分点，如果把这个钱投在员工身上，让他们得到培训，那么员工创造的财富远远不止两个百分点。

马云家的保姆，他每月给她12000元，杭州市场价8000元。她做得很开心，因为她觉得自己得到了尊重。而那些高层月薪四五万元，即使给他们加一万元、两万元，他们也不会感到什么。但是如果给广大员工增加一些收入，那么员工的士气会大增。所以能做到的工作，不用承诺，马云还是会极力去完成的。对于所有在阿里巴巴门口徘徊的人才，马云表示只要是人才他都要。阿里巴巴2004年在广告上没有花钱，但在培训上花了几百万元，他觉得这将会给公司带来最大的回报。阿里巴巴有120万会员，而且连续两次被哈佛评为"全球最佳案例"，连续两次被《福布斯》评为"最佳 B2B 网站"。在网络电子商务领域，阿里巴巴会员数跃居全世界第一位。没有优秀的员工，企业根本没法做到这些。可是这些成绩，似乎都不是马云当初用金银诱惑得到的人才完成的，而是他用没有承诺，或者是残酷的承诺逼出来的。

马云说他经历了很多，到今天为止阿里巴巴招人还是很困难。最艰难的是在2001年，互联网进入冬天的时候，阿里巴巴第一没有品牌，第二可以用的资金非常少，整个市场形势不是非常好，大家听到互联网转身就跑。当时有很多人进来，也有很多人出去。马云记得有一位年轻人刚刚进入公司，他跟那位年轻人说，希望最艰难的时候他坚持下来不放弃，对方承诺他会记住，5年之内他绝对不会走，这5年来和他一起来的人都走了，当他快坚持不住的时候马云就跟他说自己记得他当时讲的话。后来那位年轻人坚持了下来，获得了成功。

自创业以来，阿里巴巴公司最初的18个创业者，现在一个都不少。别的公司出3倍薪水，员工也不动心。马云还说风凉话：3倍当然是不会去了，如果5倍还可以考虑一下。对于如此具有吸引力的原因，马云是这样解释的：在阿里巴巴工作3年就等于上了3年研究生，他将要带走的是脑袋而不是口袋。

许诺跟不许诺无法体现一个人的能力，相反，怎么执行、如何去做，才是最关键的。一个好领导，从不轻易用嘴巴承诺别人美好的未来，而是用行动激励大家一起把握宝贵的今天，造就幸福的明天。

领导的每一个微笑都是力量

这里所讲的微笑，是一种发自内心的、真心实意的、令人感到温暖和愉快的微笑。人们的表情是完全受情绪支配的，内心不愉快，强装的微笑也是虚假的、难看的，一眼就可以看得出来。这种"微笑"会使人不愉快。那么，如何使心情保持欢乐，从而使脸上总是留着笑容呢？特别是肩负重任、工作繁忙、脑子里时刻想着问题的领导者如何做到这一点呢？

美国著名成人教育家戴尔·卡耐基说："不论你是什么，或你是谁，或你在何处，或你在做什么事，致使你快乐或不快乐的因素，是你对之如何想。例如，两人同在一个地方，做同一事情，彼此有同样多的金钱与声望——而一个会痛苦，一个会快乐，为什么？因为心境不同。"领导者对于下属也是一样，同一个或同一些下属，有的领导者觉得可爱，有的领导者却感到讨厌，从而在下属面前表现出的是截然不同的两张脸。为什么？就是因为对下属的看法不同。所以，领导者对下属要笑口常开，一定要经常想下属的优点和长处，不要老是想着下属的缺点和错误。

当领导者走进自己的部门即将和许多下属见面的时候，脑子里应该想着下属们所做出的许多成绩，许多贡献，想他们的许多优点，而不要让其中一个表现不好的下属占据脑子的一点位置。然后，抬起头来，注视四周，用微笑向下属们问候，集中精力与下属握手。

当领导者与下属谈话的时候，应该想到眼前谈话的是一个优点很多的人，或者是一个虽有缺点有短处，但也有优点、有长处的下属。特别是与那些工作成绩不好，或者犯有错误的下属谈话，除了极个别问题特别严重、使人极为气愤的下属之外，脑子里不要老想着他是"生成的眉毛长成的痣"，改不了，无可救药，而应该想到后来者可以居上，浪子可以回头，尽力控制自己的情绪，以免脸色难看。

就是在与别人谈到下属的时候，也要注意上面这些，使自己保持愉快的心情，表现出高兴的神色。相反，如果领导者脸色不好的信息传到那个下属的耳朵里，也会使之感到不愉快，甚至产生怨恨。

领导者对每个下属微笑，每个下属也会对领导者微笑。这种微笑，能产生巨大的精神力量和物质力量。这种力量，是一个部门搞好工作、搞好生产的最可靠的保证。

领导有言必行，员工才会言行一致

在一些企业里，管理者总是被员工这样抱怨：领导说一套做一套，他们嘴上说希望变革或改进，但是他们自己总不能用行动兑现；领导总是告诫我们应当如何如何去做，但是他们却是一个人逍遥自在，从不行动；有时候即便他们行动了，与他们自己要求的也是大相径庭。

A公司老板要求员工在上班期间不准用电脑打开私人聊天软件的界面，更不能玩网页游戏。他总会突击员工工作的现场，以彰显自己作为管理者的"明察秋毫"。许多员工也因为违反了公司条例，被他训斥了很多回。对此，很对员工心里都憋着气，但也只能忍着。

一次，员工小李正准备敲门进入老板的办公室，却发现门只是虚掩着。他敲了半天，看见老板坐在办公的椅子上盯着电脑一直没有反应，于是他就擅自做主推门进去了。老板并没有意识到小李已经来到了他的身旁。小李好奇地瞥了一眼老板的电脑，桌面上竟是一个最近很风靡的网络游戏的页面。他当下放下要呈递给老板的文件，离开了，老板自始至终都很忘我，根本没有注意到他。小李离开老板的办公室以后，在公司大肆宣扬老板的"劣迹"，很多员工都为自己感到愤愤不平，甚至学会了阳奉阴违地对待老板。

老板越来越觉得自己的管理失去效果了，员工们都当他的话为耳旁风，他们工作的时候还是会聊天、玩游戏。他非常生气，他问自己的秘书："我骂那些员工，他们反问我，我怎么就可以在公司里玩游戏。气死我了，我是老板，难道我自己也需要和他们一样吗？为什么那些员工总看我做什么，而不是按我说的去做呢？"

这位老板问秘书这样的问题，确实是太愚蠢了。作为公司的管理者，理应自己首先做到有此"言"必有此"行"，员工们才会跟着做到言行一致。

从某种程度上讲，企业文化是老板文化。因为在企业的组织中，领导者在塑造其组织的价值观、文化理念和行为体系中的作用是难以估量的。"言行一致"除了是作为一个正直管理者的标准，也是管理者必须具备的重要素质，也是塑造和改善企业组织文化的重要内容。作为企业的管理者，要想避免员工对自己的不信任，消除员工认为自己言行不一的看法，以下一些做法也许值得借鉴。

作为管理者，如果你和你的企业正在宣扬的观点和理念与你的核心价值观相一致，你的言与行很自然就容易一致起来。因此，你要先弄明白"为什么"你要求有这样的变革或改善，你也必须确认这些变革和改善与你内心深处的信念和核心价值观是一致的，然后你再去要求变革或要求员工改善工作。管理者希望员工做到的，自己首先应当做到。没有什么能比员工看到上司以身作则更有说服力的了。

公司的管理制度是你制定的，你就要去执行。想想看，员工们为什么要去执行连制定者都不执行的规则呢？

管理者要说到做到，不要随便承诺力所不能及的事，这样才能保持员工对你的信任。

要把自己视为公司团队的一员，要深入实际，做具体工作。员工会对了解工作实情的管理者信服，因为你能体会到他们的经历。

要把自己的承诺建立在整个组织目标基础之上。要熟悉自己组织的战略目标和使命。自己的每一项承诺不仅仅是为了获利。

为了让广大员工清晰地了解企业的发展预期和方向，管理者要尽可能多地举行企业内部战略的对话活动。管理者与企业内部各种组织机构开展战略对话活动，目的是建立企业内部信心，促进部门协调和推进新产品开发、生产和客户服务。

员工们都期望有一个好的企业文化氛围，管理者应该利用一切可能的沟通工具，包括公司的各种会议、企业网论坛等，让大家建立承诺，并相互支持来实现这样的企业文化氛围。

由此可见，管理者的言行一致以及上面这些需要管理者关注和尝试的各个方面，都是管理者与员工和谐相处的必备条件，也是塑造一个好的企业文化氛围的必要条件。

对员工要领导，更要引导

管理的本质就是管人，而在管人的过程中，一定要重视员工的心理。管理者在指挥员工时，不能只"领导"不"引导"。

"领导"给人高高在上的感觉，而"引导"则给人一种亲切感。正确的引导就是最好的管理。领导与引导是不同的，将领导变为引导需要管理者懂得用人用权的艺术。不能单凭自己的职务、权力和形式上的地位去建立威信，而要靠对员工的信任和指导建立威信。

某服装厂绩效很差，虽然按件计酬，产量仍无法提高，管理者尝试用威胁、强迫的方式要求员工，仍然无效。后来该厂请了一位专家来处理这个问题，专家将员工分成两组：告诉第一组员工，如果他们的产量达不到要求将会被开除；告诉第二组员工，他们的工作产量还有很大的提升空间，并为他们描绘了提升产量后的美好前景。

结果第一组的产量上升幅度不大，员工压力倒增加很多，有的员工甚至干脆辞职不干了；第二组员工的士气却很快提高了上来，他们每天干劲十足。由于员工们齐心协力，单单第一个月，产量就提高了20%。

通过两组的对比，表明对员工施加压力和权威，并不一定能提升工作效率。相反，适当的引导反而会提升员工的士气，从而提升业绩。

管理者要想使自己的管理效果显著，必须具备一定的引导能力。引导能力是帮助他人完成他能力所及的事，描绘出未来的远景，鼓励、教导他人建立与维持成功的人际关系的能力。

在管理实践中，管理者怎样提高自己的引导能力呢？

1. 管理要有人情味

站在员工的角度，设身处地地为员工着想。如果管理者像个独裁者一样，只用职权压人，将会招致员工的反感，从而招致管理的失败。在管理的过程中，融入一些人性化的因素，才能获得员工们的认同和拥护。

2. 指挥要有信任感

员工最明显的心理需求是希望得到管理者的信任。如果管理者赏识、信任某一名员工，那么这名员工往往会因为自己的能力得到了肯定而加倍努力。反之，员工则会懈怠。有位员工曾经开玩笑说："我最怕领导信任我，因为他信任我，就意味着我必须为他卖命了。"这虽然是玩笑话，但也证明了一点，信任能使员工拼命工作。

3. 管理要有谦诚感

有些管理者认为自己大小是个"官"，于是便高高在上，架子十足，总是想命令、指挥他人，不肯热情、尽力去帮助员工，这种完全支配型的管理方式是难以做好管理工作的。作为管理者，应该谦恭、真诚地对待员工，这样才会让员工服从自己的管理。

4. 管理者要言而有信

如果管理者为求一时的功利，空口许愿，结果兑现不了，则往往会令员工失望并对工作产生抵触情绪。一旦产生这样的情绪，管理者的权威将会大受影响。所以不要轻易许诺，对于自己的诺言，要言必信，行必果。只有管理者以身作则，言行一致，员工才会心悦诚服地接受管理，积极地跟着管理者走。

5. 管理要有创造性

善于提出切实可行的努力目标和主攻方向，勇于率领员工做探索性、开创性的工作，会让员工感到生活充实、有意义、有希望，当然也有助于提升企业的凝聚力。

在管理过程中，管理者应该使员工能主动且乐意去从事某项工作。如果只是强迫员工去做，只会让员工反感，无法发挥他们的积极性。

让员工从心动到行动

对于绝大多数管理者来说，想让员工心动是一件很容易的事情，但让员工行动就变得很难。在企业里可以看到这样的现象：有时候管理者给一个员工讲大道理，他也许听得很认真，很有感触，但过后他未必有什么实际的行动。

这并不是因为管理者的道理对员工的触动不够大，而是员工没有拿出真实的行动来回应这种触动。为什么员工的"心动"，很难给自己带来"行动"呢？这主要是因为一下两个方面。

1. 习惯的力量

习惯的力量很强大。当员工彻底习惯于一种状态之后，管理者的"心灵震撼"是不可能让他彻底改变这种习惯的。

2. 价值观的力量

一个人的价值观往往具有某种强大的顽固性。管理者的价值观也许会打动员工，员工被管理者的价值观深深地震撼了，但这种震撼也只会是"昙花一现"。员工很快就会拾起自己原来的价值观。

所以，无论员工受到多少教化，只要从前的价值观不变，就会像弹簧一样暂时地被压缩很快就会弹回来，很多管理者也就放弃了对其员工价值观的改造，转而诉诸"强制"手段。很明显，"强制"或许比"洗脑"更为见效，却往往只能造出二三流的人才，却造不出一流人才。

就企业的管理者而言，"强制"虽说能够相对容易地带来"行动"，但这种"行动"因为没有真正的"心动"作为基础，质量就不会高。而低质量的"行动"，怎么可能造就出高质量的人才来？

所以，管理者想造就一等一的人才，不但要想让员工"心动"，还要让员工行动。

如何让员工"心动"起来呢？

首先，培养员工对公司的忠诚。要想员工对公司忠诚，公司首先要对员工忠诚，要履行对员工的每一个承诺，关心员工，爱惜员工，不能对员工开空头支票。

其次，培养员工的奉献精神。人不是天生就有奉献精神的，公司可以用"你把工作超额完成了，公司会亏待你吗？敢亏待你吗？"等理念来教育员工。

同时，树立一些典型并予以一定的物质奖励，让奉献有回报，以此来激励员工。

再次，培养员工"坚决服从"的意识。坚决服从不是被动的、抵制的服从，而是能动的、善意的服从，公司应在大会小会上都要灌输"服从"思想，允许大家在决策前提建议，可一旦做出了决策，就应坚决执行。对于不服从决策者，要给予严厉的惩罚，否则，你也消极执行，他也消极执行，那何来执行力？

最后，管理者要想实现经营价值最大化，让你的员工心动起来，还要改变员工的心智模式。一个人的思维决定了他的行为，管理者必须针对员工进行系统的学习培训计划。

公司要实现企业化经营，管理者必须针对每一个员工做好他的人生规划和年度计划，通过对员工心态的调整让其产生积极热情的工作态度。

以远景和价值观来鼓舞人心

"让每个人都拥有一辆汽车"是汽车大王亨利·福特在 100 年前为福特汽车提出的愿景；"把欢乐带给世界"则是迪斯尼刚建立时的目标。对领导者来说，运用企业理念传达组织的远景和价值观，可以有效动员并鼓励全体员工为实现组织的目标而努力。

3M 公司创始人麦克奈特不希望公司的演进和扩张只靠自己一个人，他希望创造一个能够从内部继续自我突变、由员工发挥个人主观能动性推动公司继续前进的组织。

从下面这些 3M 人经常挂在嘴边的话语中，可以看出麦克奈特的做法：

"要听听有创见的人的话，不管开始时这些话有多荒谬。"

"要鼓励，不要挑剔。让大家发挥构想。"

"雇用能干的人，放手让他们去做。"

"如果你在众人四周筑起围墙，你得到的是绵羊。给大家一点所需要的空间。"

"鼓励实验自由。"

"试一试，而且要快！"

麦克奈特直觉地了解到，鼓励个人主观能动性会产生进化式进步的原料——没有方向性的变化，他也明白这种变化后来并不都是有用的。

"（给大家自由，并且鼓励大家自主行动）一定会导致错误的产生，从长期来看，如果管理层独裁，告诉手下人应该怎么做事，大家犯的错误一定不会比管理层犯的错误严重。但是，管理层犯错误，会造成毁灭性的影响，会扼杀主观能动性。如果我们想继续成长，一定要有许多具有主观能动性的人。"

企业管理者要让新的理念来激励人心，必须遵循以下指导原则：

（1）大家共同参与制定企业理念，但不要在这个方面花费太长时间。有些CEO单独一人制定企业使命和理念表述，然后把它们强加于机构。这样做只能取得别人表面的赞同。还有一种与此截然相反的情形是：一些领导让太多的人参与表达意见，结果造成企业理念的变革无法获得通过，或者变革的作用被减弱，以致人们无法把它们用作改革手段。

（2）确保你的理念确实反映了公司的长远目标。在许多组织中制定成文的使命和远景规划只是描述了几年后人们希望达到的状况，而不能反映他们长远的需要。

（3）企业理念应该激励人心。如果员工对完成使命不感兴趣，认为公司的价值观念毫无意义，公司远景规划毫无吸引力，公司的理念就无法发挥应有的作用。在花费时间和财力推行企业理念之前，应先调查了解员工的意见。

（4）注重价值观和变革的关键驱动因素。平衡点在哪里？哪些行为和惯例发生变化会引起企业文化朝理想的方向转变？如果把所有希望员工具备的行为和品质都列入企业理念，员工们就无法区别哪些行为或品质更重要。这样做很可能会失去重点。

（5）在企业理念中采用和能力管理运用相同的概念和术语。使用统一的概念和术语，将有助于员工理解并接受理念与能力的概念，更便于他们将两者应用于实际工作中。

（6）确保使用简单易懂的语言。要让人们能很容易地理解企业理念，并能很快地掌握其概念。

（7）确保企业理念的各要素能准确无误地转换成行为。员工应当能了解他们的所作所为是否符合企业的使命和价值观，并能设想符合企业理念的种种行为实例。如果企业理念与他们的日常经验相差太大，他们无法加以应用，那么该理念就没有多少实际作用。

（8）反复传递信息。电视和电台广告之所以能起作用，不在于信息本身绝妙无比，而在于重复。人们去商店买咖啡时，首先想到的品牌就是已经深深印入他们脑海的品牌。在不同情形和场合重复企业理念也会收到同样的效果。你可以把它作为布告贴在墙上，在演讲中提及，把它发表在公司业务通讯上……传递的信息越多，它越深入人心。

"善变"一下管理会有新气象

一般来说，领导在管理的过程中应保持始终如一的原则，但一成不变会让员工内心感觉不到波澜，从而失去兴趣和激情。此时，适当地做出一些改变会让员工内心掀起波澜，变得主动，让企业在众多的挑战下多了一次选择的机会。

偶尔"善变"，更能征服人心。任何企业的管理人员都必须面对的现实是：无论预想多么完美，结果往往与目标之间有很大的差距。"想法没有得到实施"，"方案没有得到执行"，不仅企业得不到业绩和利润的保证，管理者的管理也日趋艰难。这时候，管理者不妨"善变"一下，也许管理就有了新的气象。

如果说张瑞敏是海尔的创新者，是海尔思想的源泉，那么海尔副总裁杨绵绵就是布道者，没有杨绵绵"善变"地贯彻张瑞敏的思想，张瑞敏的管理思想就难以落实。

1984年，张瑞敏诚邀杨绵绵出任青岛电冰箱总厂（集团前身）副厂长。"我就是觉得她和别人不太一样，她与那些一般的管理者的不同在于别人只是怎么叫怎么做，她是怎么做怎么叫。"

海尔的发展简史，见证了杨绵绵从知识女性到职业经理人的蜕变。

杨绵绵常说，人有三商——智商、情商和变商，变商最难达到。应变能力是重要的，善于缔造变故并且能很好地运用变故就更为重要了。一个领导的决策，可能是正确的，但实施起来可能就需要稍微变化一下，不能就这么直接用。张瑞敏如此"点评"杨绵绵：决策者本来的期望是一，但她的"变通"的执行却能发挥到十。

海尔的快速扩张与稳健前行注定仰仗大量优秀的"善变"者支撑，可以说，"善变"人才的积聚与堆砌是海尔成长的基因。而杨绵绵无疑是海尔优秀"善变"者的最佳代表。在帮助企业稳步扩张的同时，杨绵绵的个人事业和人生也得到了升华。

像杨绵绵这样优秀的"善变"者往往有着其他管理者所不具备的能力。

一个成功的"善变"者，应该具备以下能力：

第一，能正确理解上级的思想并准确地与下属相结合，运用一个"变种"的方案来实施。

第二，能够把上级过于个人和极端的思想悄悄地在操作层面上进行修正，修正完了还不让老板看出来，这就是"善变"的艺术。

第三，在员工的意见上，也允许他们"善变"，并把自己的"善变"和他们的"善变"相结合，发挥最大的作用。

第四，"善变"者始终站在企业发展的最前沿，每到企业的危急关头，帮助企业渡过危机的往往就是最能"善变"的人。

把自己的负面情绪藏起来

作为管理者，不能总把自己的情绪摆在脸上，尤其是负面情绪，这会传染给员工，造成不良的影响。如员工汇报工作时，管理者自己情绪不好，摆着一副臭脸，员工进一步沟通的想法就会立即打消；在做一些决策的时候，因为管理者自己的负面情绪的影响，常常疲于应对，忙得焦头烂额。每个管理者都会有自己的情绪，面对竞争，面对压力，这些都是无法避免的，但是管理者要把自己的情绪隐藏起来，把自己调到最佳的工作状态，才能有效地工作。

某银行经理在与家人吵架之后，带着怨气上班，到工作岗位之后，心里仍然在回想刚刚吵架的情形。有一位员工带着一张大客户的投资单子给他看，要求核对后并填上金额。文件上明明是 29 万元的现金额度，他居然在金额一栏写了 30 万元。要知道这是多么严重的错误，因为合同已经拟好，不能更改，且有了法律效益。经理在意识到自己的负面情绪带来的结果以后，已经没法弥补，只能自己垫上 1 万元现金。

看起来，1 万现金好像对于经理来说也不算是什么大的数目，可是如果是 300 万呢，甚至 3000 万呢？也许事情就没有那么好解决了。

管理者不能让自己的负面情绪左右自己，工作时要时刻看起来都是镇定的、微笑的，只有这样员工才会"心里有底"，不管遇到什么困难都会觉得背后有股强大的力量在支持他。

很多管理者在面对自己始料不及的情况时，会失去理智迁怒于客户或者员工，这样问题不但解决不了，还会把事情弄糟。如果管理者学会隐藏情绪，平静地去解决问题，那么事情就可能就没有那么棘手，会慢慢地得到解决。

斯摩尔曾经说过："做情绪的主人，驾驭和把握自己的方向，使你的生命按照自己的意图提供报酬。记住，你的心态是你——而且只是你——唯一能够完全掌握的东西，学着控制你的情绪，并且利用积极的心态来调节情绪，超越自己，走向成功。"

一个管理者，要隐藏自己的情绪，冷静地面对企业中的变故，不要把高兴和悲伤都摆在脸上，让人一眼就看穿。多一点控制，多一点隐藏，不管多棘手的问题都会慢慢化为无形。

多用优秀文化理念给员工洗脑

企业文化，又称组织文化，是一个组织由其价值观、信念、仪式、符号、处事方式等组成的特有的文化形象，是企业的全体员工在长期的发展过程中所培养形成的并被全体员工所一致遵守的最高目标、价值体系、基本信念以及行为规范的基本信念和认知。

通俗来讲，企业文化就是每一位员工都明白怎样说、怎样做对企业是有利的，而且都自觉自愿地去这样说、这样做。久而久之，这便形成了一种习惯，再经过一定时间的积淀，这种习惯成了自然，成了人们头脑里一种非常牢固的"观念"。而这种"观念"一旦形成，又会反作用于大家的行为，也就是指导、约束大家的行为，而且逐渐以规章制度、道德公允的形式成为众人的行为规范和准则。

可以说文化是企业的重中之重，是推动企业创新发展的原动力，一个企业的文化在现代企业管理中具有十分重要的地位。

世界零售业排名第一的沃尔玛就具有人们公认的非常优秀的企业文化，无论顾客走进哪一家沃尔玛超市，都能感受到工作人员热情、周到、诚恳、细致的服务，都能感受到一种温暖、柔和、愉快、舒适、其乐融融的氛围。沃尔玛的创始人山姆·沃尔顿一直是企业的灵魂人物，他一手打造了整个沃尔玛的企业文化，让自己的思想和理念融入员工的思与行、德与品中。下面具体来看一下，沃尔玛的企业文化是怎样给员工"催眠"的。

在沃尔玛内部有一个惯例，无论是普通员工上班还是企业的高层开股东大会，在开始之前都要做体操并且进行欢呼，欢呼着告诉自己所做的事情就是第一。这本是山姆在一家韩国的网球厂看到的，后来就发展成了沃尔玛的"特色项目"。这就是沃尔玛催眠员工的第一招：每天早晨在工作开始之前都要欢呼自己是第一，并且把这种积极的观念与自己的肢体语言结合在一起。前面讲过，肢体的运动是最容易唤醒潜意识的，于是充满热情的欢呼就直接进入了员工的潜意识中。接下来员工在每做一件事情的时候，潜意识就会跳出"第一"与"热情"，这种念头会每天都给员工催眠，使员工变得充满活力与热情，做任何事情都力争做到最好。要知道，这种催眠理念的最大作用不是拿来炫耀给外人看的，而是拿来自己用的。

沃尔玛催眠员工的第二招：为员工提供非常清晰的模仿对象。我们知道，在沃尔玛有许多世界级的明星人物，他们往往是公司的高层管理者。而沃尔玛有一条制度就是"任何一个员工都可以与高层直接进行交流"，这样一来，员工与成功人士的距离就更加贴近，更容易去模仿他们的言行，因为大家都渴望变得优秀，都希望自己也能取得成功，员工就这样被企业中的明星所催眠，从而不断地努力将工作做得更好。要知道，优秀的企业文化不仅能使员工产生使命感和责任感，而且能激励员工积极地工作，使员工对未来充满憧憬。

沃尔玛催眠员工的第三招：对每位员工的暗示都表示了对其个人的尊重与爱护。首先，该企业非常尊重员工的人格，领导与普通员工之间的气氛非常融洽、和谐，很少有等级观念。高层领导之间也会像普通员工那样相互打赌，比如山姆还曾经因打赌输了而在大街上大跳"草裙舞"，并且惊动了媒体，而山姆则趁此机会宣传了沃尔玛的独特之处。其次，沃尔玛的每位员工都会带有一枚特制的胸牌，让每位员工时刻对自己充满自豪感。所以说优秀的企业文化就是企业最有力的竞争武器，而且是不可复制的。

曾经有一位经济学家在评论沃尔玛的成功时说："沃尔玛成功的第一

步就是通过低廉的价格和优质的服务去催眠我们的消费者，从而不断地扩大规模，并强化自身的优势。沃尔玛能够成为世界第一大零售商的最关键一步，则是完成对整个连锁网络的整合，通过富有生命力的企业文化和现代化的技术设备，抵消了由于规模过大而可能出现的两大问题，即管理的成本过高和管理上漏洞百出。沃尔玛总部总是能够高效地控制整个网络。"

在一个企业中，只有独特、良好的企业文化才能让员工紧紧地团结凝聚在一起，形成融洽的氛围与统一的价值观，使企业的生命力更加长久，促进企业的成功。沃尔玛这种"催眠式"灌输企业文化的方法非常值得借鉴。

让员工保持半兴奋状态

世界网坛名将贝克尔之所以被称为"常胜将军"，其秘诀之一即是在比赛中自始至终防止过度兴奋，而只是保持半兴奋状态。所以有人亦将"倒 U 形假说"中的"最佳状态"称为"贝克尔境界"。

热情中的冷静让人清醒，冷静中的热情则令人执着。一个管理者要既会加油，又会泼冷水。既要让员工充满斗志，给他们加油，让他们鼓足干劲，必要时给予激励和奖励，但又不能让员工对眼前取得的小小成绩得意忘形，造成骄兵必败的结果。只有善于让自己和员工时刻处于"贝克尔境界"，才能算是真正掌握了激励的窍门。

将军与店主对弈，将军开动脑筋，第一局想以稳对稳。可谁知店主稳中蕴动，机关早成，待将军发觉时败局已定；第二局将军以攻带守，结果又败一局；第三局，将军频出绝招，最后仍然"束手就擒"。再看那位店主，三局虽早已过了百余招，老将始终未动。

将军问店主："上次您拨动老将，战成一负二和；这次您不动老将，却连胜三局，这是为什么？请指教。"

店主笑道："上次对弈时战事正紧，您将去前线御敌，我下棋也不可挫伤你的锐气。眼下大军凯旋，将军意气风发，我胜你乃是为告诉将军要戒骄戒躁。"

将军听后深受启发，向店主深深地鞠了一躬，从此以后战无不胜。

员工在工作时情绪上也会有高低。为了维持管理工作及员工行为的一致性，管理人员必须在员工情绪低落时鼓励他，而在他情绪过高时泼点冷水。

当人处于紧张沮丧的状态时，就兴奋不起来了，像一只瘪了的气球软绵绵地贴在潮湿的地面上，这时要通过适当的方法给他鼓气，让气球能够重新轻盈、灵活地飞起来。

当一个人处于极度兴奋时，过度激情奔放，同样会失去平衡甚至濒临爆炸的边缘，这时就需要给他泼泼冷水，适当地泄一下气。

美国国际管理顾问公司老板迈克·马克就是既会加油又会泼冷水的管理专家。他手下员工的工作不止一项，责任不止一种。如果一个员工把工作做得在别人看来已经够好了，他也总是能在一些瑕疵上给予员工一些训诫；而当员工感到失望时，马克则会通过员工其他做得正确的事情来鼓励他。

迈克·马克会让员工觉得他们必须掂一掂自己的份量，是否具有"足够的能力"来为他工作。如果有些员工为他做成了一笔生意而感到十分满意时，马克会称赞他做得不错，但他还会说"国外的代理权给谁拿去了"，或"我们为什么不那样做呢"。使那名员工不至于太得意。

当然当对方遇到失败或者不顺时，则需要采取鼓励的方式来让他振作起来。

大卫和德勒是好朋友，有一次他们一起到剧院观看预演。大卫动不动就发脾气，说话的语气全用命令式，而德勒则作风完全相反，他始终在称赞演员较为精彩的一面。剧本是德勒的作品，因而去的时候两人都怀着满心的欢喜。不料一看预演，发现已是到了正式上演的前一天，主角仍没把台词背熟。大卫不禁勃然大怒："你们到底干什么去了，这样怎么能上演！"

在大卫的责骂下，主角抓紧时间拼命背台词，但到了第二天上演，仍然显得有点结结巴巴。

第一幕结束后，德勒来到后台，用双臂使劲地拥住对方说："演得不错，相当成功，说话语气也很恰当……"

听了这些话，那位演员精神倍增，完全恢复了信心。在以后的几幕中，台词都流利地背诵了出来，演技也发挥得淋漓尽致，台下掌声雷动。

加油和泼冷水都是促进优秀人才成长的博弈方法，如将二者综合运用，更能起到意想不到的效果。尊重人才的自尊，从正反两方面鼓励他们，让他们觉得自己的重要性，并在他们表现良好时给予奖励，这些都是很重要的。这种表扬最好是公开的、直接的。

不过你虽然不吝于夸奖下属，却绝不能让他们陶醉在荣誉里，也绝不能让他们觉得只要这一次表现得很好，就可以不必在乎以后的工作成绩。有时候你可以指出下属的一个小缺点，泼点冷水，要求他们达到更高的水平，借此鼓励他们更上一层楼。

第九章

感化人心，
管出向心力

创造宽松的氛围，他会乖乖为你所用

人心需要感化而不是控制，因为控制来的人心随时会出现叛变的可能，而感化来的人心会死心塌地，即使你不监督他，他也会乖乖地为你所用。管理企业就要学会感化人心，然而现在有很多企业的管理思想依旧非常古板陈旧，希望把员工变成一个个机器人，甚至连上厕所的时间都要严格规定。这种管理方法非常愚蠢，只适用于一些低端企业，根本不适合当今社会发展的趋势。

比尔·盖茨有着一张长不大的娃娃脸，他喜欢舒舒服服地坐在电脑面前，一边吃比萨饼、喝可乐，一边彻夜不眠地编写电脑程序。他的大学教授评价他说："他是我所教的学生当中最好的学生。我不能想象还有比他更聪明的人。搞软件，对他来说几乎是不费力的。"正因为比尔·盖茨自己是一个天才，所以他更明白：只有宽松的环境，才能让天才充分发挥能力。

在微软，着装规定是不存在的。比尔·盖茨认为，在一个不必打领带、不必西装革履的轻松环境里，员工的思维会更活跃，创造力会更强。如果一个企业因为一双鞋而把一个时尚但非常优秀的员工弄得死板而没有生气，这是不划算的。比如一位男孩，他可能不喜欢用领带束缚脖子，但他喜欢创新和努力地工作，那么老板会怎么选择？逼他用领带卡住脖子，卡住他的创造力和想象力？还是留住他的想象力和创造力，放松他的脖子？对于一位爱美的女孩，是在束缚她的脚的同时，束缚住她的工作热情和活力？还是放松她的脚，留住她的工作激情和魅力？

比尔·盖茨的选材标准非常高，他只要天才和聪明人。但是等他们进来之后，比尔·盖茨会让这些天才们尽可能地放松，减少不必要的干扰。微软的整栋办公大楼里看不到一座钟表，只要是风和日丽的天气，员工们均可自由自在地在外面散心。微软公司除了为员工免费提供各种饮料之外，在公司内部，用于办公的高脚凳到处可见，其目的在于方便公司员工不拘形式地在任何地点进行办公。当然，微软的员工每人都有独立的办公室，员工们都有自己的自由空间，有的人把床搬到了办公室，把宠物也带来了，有人甚至在办公室里养了一条蟒蛇。因此，有人说微软的员工是邋遢和不拘小节的。但这并不影响他们智慧的发挥，相反，它给了员工一个开启创造力的空间。

创造好的工作氛围才能感化员工的心，让他们积极主动地为企业效力。微软员工的工作氛围是很轻松的，但它的效率却是其他企业望尘莫及的。在国内，很多企业家主张搞军事化管理，这并没有什么错。但问题是，这只适合于劳动密集型的低级化阶段。企业不是打仗，凭着满腔的亢奋拎个炸药包往前冲就能取得胜利。企业的运营需要的是智慧，而不是匹夫之勇。特别是在经过金融危机的洗礼之后，存活下来的大部分企业都将会有一个产业升级和调整的过程，逐渐从依靠压榨劳务型劳动者的低端产业链走向依靠知识型工人的中高端产业链。以前那些呆板的管理模式也必须被淘汰。

在某些企业拼命给员工施压的时候，另一些公司却已经在这种原始野蛮的管理中得到了教训，变得更加聪明，倡导一种宽松的工作氛围，进行人性化管理，而非兽性化管理。当某些公司的员工忙得连恋爱的时间都没有的时候，惠普却一直强调要让员工工作、生活两不误，他们不希望员工因为工作而失去了生活、家庭和爱好。在很多企业中，员工的薪水确实很高，但他们的工作压力也相当大，因为这样才符合市场经济的利益平等交换原则。但是惠普却认为，他们所提倡的这种理念会使工作效率更高，比如有员工要在上班期间出去检查维修，如果不让他去的话，他坐在办公室里就会因为惦记这件事而没有任何工作效率，所以惠普从来都不记考勤，没有上下班打卡制度。而且惠普的员工都有带薪休假的待遇，基本上他们想什么时候休假都可以，只要提前跟自己的上司打招呼，把工作做完或者交接一下就可以了。

正如比尔·盖茨所说："技术的背后是人。过去几十年社会的种种进步，源自于天才身上那些无法预测的创造力。"对于企业而言，人才特别是天才是非常重要的。让天才心无旁骛地发挥自己的才华，就意味着企业将有无尽的财富迅速流入。

像对待自己的孩子一样对待下属

在"跳槽"成为一种普遍、正常的现象，终生雇佣成为历史的今天，员工对企业的忠诚度和依赖度大幅度降低。如何在新的环境下吸引人才，留住人才？

日本"经营之圣"稻盛和夫的经营管理经验可以帮助我们解决这个问题。他的经验是：领导者对待下属要有关爱之心，只有真诚地关心和爱护下属，真心为下属解决工作和生活上的困难，用心培养、教育和塑造下属，使他们获得发展的能力、素质，为他们的成长发展创造良好的外部环境，提供施展才华的舞台，才能获得下属的充分信任和忠诚。

对待员工要有博爱包容的胸怀和心态。我们的先人也有同样的思想，在《孙子兵法》中有"视卒如爱子"，运用到今天企业的管理上，就是对待下属员工要像对待自己的孩子一样，以爱心、真心、热心和宽容心感动他人，为员工谋利益，给其安全感、归宿感，以获取良好的人际关系。

京瓷因为关注和帮助员工成长，让员工与企业和团队一起成长，得以发展成为世界范围内的强大企业。一般来说，员工更愿意为那些能给他们以指导的公司效力。因此，管理者应定期与下属讨论绩效改进和个人能力提升计划，真诚地指出下属存在的问题以及努力的方向，使下属不断进步。让员工在工作中获得知识的累积比单纯地获得金钱更有吸引力。因为知识可以带来更多的钱，当员工感到自己在工作中提高了水平，有赚更多钱的信心和能力时，他们对企业的感激才会是发自内心的。只有这样，才能激励员工为企业发展而努力，并赢得员工的忠诚度。

　　鲜花摆在适当的地方才能发出迷人的芳香，活着时把关爱传递给别人才能快乐。在平凡的生活中找到生命的意义，这是一门很重要的功课。人与人需要这样的情感纽带，企业领导者与员工之间也是一样。

　　曾经有成功的企业管理者说过，爱心是企业激发员工创造力成本最低、最有效的途径。所以，现今很多企业领导人都开始关心下属，以一颗真诚的心对待他们，让他们感动。这样，员工自然就把企业当成自己的家，信任企业并且为企业努力创造价值。

率先垂范，以身作则

在很多人的意识里，总认为小公司的老板什么都应该做，业务必须要亲自出去跑，大公司的老板就不用跑了，因为他们有自己的专属团队，老板再去跑就有失身份了。

余世维是管理界的泰斗，他经常强调：一个总坐在电脑前的老板不是好老板，老板一定坐在客户那里。

每个大企业都是从小公司起步的，都需要经历无数的磨难。企业从诞生的那一刻起，就必须无条件地接受市场的规则——优胜劣汰。企业的管理者要保持团队的执行力，还要维持企业在市场的竞争优势，做这样的一个管理者不容易！所以如果想要企业在竞争如此激烈的形势下脱颖而出，管理者就要懂得率先垂范，以身作则，以此来调动人心，激发大家的干劲。

面对全球金融海啸，曹卫所在的宝钢股份运输部适时推出了低成本运行模式，以求早日度过"经济寒冬"。曹卫是运输部的高层管理者，他在应对这次危机的过程中，做出了一个好的管理者的表率。他敢作、敢为、敢当，带领员工齐心协力，与企业共渡难关。在运输部为宝钢的复苏带来很大影响后，曹卫对自己的管理做了以下总结：

首先，我要作为运输部的主心骨。面对从未经历过的困难，员工的思想很容易有波动。我应该凭借在企业中所处的位置、了解的情况和自身的学识，积极发挥主心骨的作用。如何当好一个主心骨呢？一是需要加强学习，提高自己对形势的判断能力，以便能够准确理解公司决策层的战略举措；二是需要利用各种机会向员工宣传市场形势的变化与公司的各种应对举措；三是员工的思想在这一阶段很容易有波动，我要多与员工交流，了解他们的思想动态，及时为员工解惑，确保我们的队伍人心不乱、执行力不减。

其次，我更要成为降本增效的推动者。在整个企业大力倡导的成本改善活动中，我们作为运输部不仅要快速响应，更要以创新的思路、发现的眼光积极寻找改善点。虽然燃油消耗控制已在船队推进了多年，但可控制的空间越来越小，而经过仔细分析，我们找出了不同作业燃油消耗的差异，从而确定了科学合理的指标。此外，我们还创新总结了一套"外轮伴航节油操作法"，利用外轮行驶中尾部形成的水流，推动船的行进，有效减少了燃油的消耗。进一步降低燃油消耗是我们运输部的重头举措，也是我们运输部在落实推进"一限两控"工作中确立的重要项目。

另外，为了强化现场管理的执行，我也要身体力行。瞬息万变的市场不会给我们多少论证和探讨的时间，因此我们的工作要求特别高，难度也非常大。我必须率先垂范，这不仅是行动，也是一种工作态度，更是带动广大员工与企业共克时艰的有效手段。特别是在安全管理上，作为管理者，我更要严格执行标准化作业，不能因为成本压力而在标准化执行上打折扣。我时刻提醒自己和我的员工：安全才是最大的降本。

曹卫的榜样作用让宝钢股份运输部从困境中走了出来，这个榜样也在企业的振兴中发挥了巨大的作用，这就是榜样的力量。作为管理者，首先应该严于律己，做出表率，才能将自己优秀、独特的领导作风潜移默化给下属员工。管理者的行为是无形的教科书，榜样的力量是无穷的。

同样，在企业中，管理者能够严格要求自己，各层级管理者也会效仿，员工也会努力跟进，他们工作起来会更认真，干劲会更大，做事会更仔细。反之，如果管理者只会对员工颐指气使，在员工面前摆出一副高高在上的样子，那么员工就不会乐意为其效劳，员工的言行往往以领导的言行为导向。企业里的规章制度，管理者首先要自己认可，并严格遵守，同时在适当的时机对执行细节刨根问底，找出缺陷，予以持续改进和提高，这样才能让员工遵守企业的规章制度，对管理者肃然起敬。

企业的每一个进步都需要管理者和员工的共同努力，管理者应树立为员工做出表率的思想，凡事心系企业，心连员工，讲究工作方法，注意工作细节，发挥管理者的能力。

去掉官架子，融到员工中去

在很多企业，管理者在员工的心里如同"猛虎"一般，就算不是工作时间，员工们凑在一起热闹地聊天，这时只要领导走过来，气氛马上会"冷却"下来，大家该干吗干吗，即使是装模作样，也不愿多说一句话。

一般情况下，领导与下属之间有如此深隔阂的原因在于领导对"官"的概念的理解。我们常说职业无贵贱之分，然而在现实生活中，有的人一旦有了权，就认为自己在权力金字塔上上升了一级，地位越高，人格越高贵，因此常竭力拉开自己与下属的距离，"官架子"十足。领导将自己放在高不可攀的位置上，制造一种神秘感，让员工仰首而视，敬而远之，使得上级与下属分离，下属对上级俯首听从，这样是绝对干不好工作的。

比如有的领导，指挥日常事务得心应手，办事公道正派，作风雷厉风行，可就是处理不好同员工的关系，对下属颐指气使，疾言厉色，开口就训人，也不懂得关心体贴下属，结果搞得员工怨声载道，当面不敢说他，背后却大发牢骚。由于心气难平，员工干起活来也是别别扭扭，懒懒散散。

但是，对于出色的领导和企业，他们则会十分重视营建一个不拘一格的、开放性的信息沟通机制，与员工建立起和谐融洽的关系，坦诚相待，平等相处。

美国旦达公司在这方面就是很好的榜样，它提出"旦达为家的感觉"的哲学，并全力去付诸实践。这家公司在公司内部彻底实行这套哲学，员工薪金付得比别家航空公司高，而且尽可能避免裁员。

旦达的成功来自许多小事情的集合。而门户开放政策决定了旦达的风格。前任总经理比伯解释说："我的地毯必须每月清洗一次，所以我找机械师、飞机驾驶员，以及机上服务人员全都来见我，如果他们真想告诉我们一些事情，我们会给他们时间。他们不必层层向上报告。总裁、总经理、副总经理……没有一个人有'行政助理'来挡掉求见者。当然，这是采取门户开放政策所产生的效果。"

旦达航空公司最有趣的一个观念是，管理部门可以互相交换工作。例如总裁坚持所有的资深副总经理都要接受从事公司里任何工作的训练（虽然不可能开飞机）。即使身为资深副总经理也应充分明白彼此的业务，以便万一有必要时，任何人均可以替代他人工作。而且，圣诞节的时候，高级主管还需加班帮助行李工人。

另外，高级主管一年至少要跟员工聚会一次，公司里的高阶层与最低阶层直接交换意见。公司花在沟通意见上的管理时间多得惊人，简直令那些不在这种环境中工作的人无法想象。例如，最高主管会连续参加4天会议，只是为了和亚特兰大的随机服务员谈话而已。资深副总经理们一年通常要花100多天，奔波于各地，还不包括清晨一点或两点搭机查勤大夜班。

高级主管之间也需要彼此密切地交换意见。每周一上午有个幕僚会议，检查所有的计划、所有的问题与公司财物。然后，资深副总经理领着自己所辖部门的各个主管吃午饭，让他们知道最新情势。因而公司的事很快且定期地传遍全公司上下。

领导和员工就像是鱼儿和水之间的关系，谁都离不开谁。真正优秀的管理者能够让自己完全融入员工之中，不分你我，但到了需要发号施令的时候，员工又都唯他马首是瞻。想要达到这个境界，管理者至少要做到两点：一是说话办事坚决不搞"一言堂"，二是有能力没"官念"。

领导去掉"顽固"，员工带来"改变"

很多成功人士身上似乎都能看到这样一个特点：只有当一件事情符合他们自己的利益时，他们才会去做，包括改变他们的行为。他们已经习惯了在做出一个选择时，观察它的风险和回报，然后还会问自己："这样做对我有什么好处？"

管理者在一定程度上来说也是成功人士，他们的成就同样也固化了他们的思维方式。在做一件事情前，他们总是喜欢从投资者的角度去衡量它的价值。在他们的心目中，以往的行为是可以保证自己未来的表现同样出色的砝码。这种心态就像是一块经过训练的肌肉，不断地膨胀，尤其是在管理者取得一连串的成功之后更是如此。而他们在企业取得一定的成就之后还会形成一个巨大的保护壳，这个保护壳让他们极其自豪，他们一直守着，然后就会固执地认为："我做得对，其他人都是错的。"

这些都是管理者强有力的自我防御，说得通俗点，就是他们的顽固。作为员工，告诉管理者"你的做法让很多人对你有成见"根本没用，他们已经不关心别人的想法了，因为除了他们之外所有的想法都是错的。唯一的办法就是管理者自己戒掉"顽固"的本性，逼迫自己做出改变。

约翰是销售执行官，他在销售部门里地位很高，能力相当出众，为人也很正直。但他最大的缺点就是棱角太过突出，当然也正因为他有棱角、敢创新，才在公司里爬到了今天的位置。他坐上管理的位置后不久，他的棱角就成了他的麻烦。他在与员工开会的时候总要纠正他们的想法，并且坚持认为自己的方案比他们的更好。

自从约翰当上了销售执行官之后，销售部门的业绩始终没有太大的提升，这让约翰不得不自省。他应该清楚，若他再不做出改变，他很快就要离开管理的位置了，因为他要为自己的"顽固"所引发的后果买单。

当然，管理者要戒掉"顽固"的本性是需要时间的。有些"改变"在他们过往的经验中或许是他们最不能改变的，而现在的新形势下他们又不得不抛掉既定经验做出"改变"，而这个"改变"需要很长时间的缓冲。

管理者在企业里有了一定的声望、金钱和地位的时候，就很容易变得"顽固"，这些顽固的本性最初可能是他们上位的法宝，可渐渐地就成了他们上进的绊脚石。管理者要想真正地管理好企业，就应该戒掉"顽固"的本性，重新积蓄"改变"的力量。

重视尊重，换来员工的赤诚

领导者要赢得下属的尊重，就应当重视身边的每一个人才，像"淘金"一样地发现人才，重视人才。

有一个人即将背井离乡，到别的地方去居住。行前，他特意去拜访拉比，请拉比给他一些忠告。拉比想了想，就讲了一个故事：

有位住在柏林的犹太人，时常梦见一个碾米厂的地下埋藏了许多珍宝。有一天，他终于控制不住自己的好奇心，决定去挖掘这个宝藏。

第二天黎明，他来到碾米厂，小心而仔细地挖掘起来，可是院子几乎挖遍了，也没有挖出一星半点儿东西来。

碾米厂的主人闻声赶来，问他为什么到此乱挖一气。他只得说明缘由。厂主听完高声大叫："真是太奇妙了，我也经常梦见一个住在柏林的人，他家院子里埋藏着许多珍宝。"

厂主还念叨出那个人的名字。这名字正和这个柏林人的名字一样。这个柏林犹太人赶忙马不停蹄地回到自己家里，挖掘自己的院子，没有想到还真的挖出了许多宝贝。

拉比讲完故事，对前来请教的人说："你知道了吧，有时自己的院子里也埋藏着许多宝物，只是我们没有挖掘而已。"

这个世界并不缺乏人才，缺乏的是发现人才的眼睛，领导者要做到知人善任，就应当有一双善于识才的"慧眼"。

古今中外，很多成功的领导者都坚持这一点：一个让人甘心追随的领导者应当是下属的知己。领导者关心、尊重、理解下属，并为之提供成长发展的机遇，使其有知遇之恩，才能让下属"士为知己者死"。

松下幸之助引以自豪的就是从平凡人身上取得不平凡的成果。松下幸之助从不去著名大学里选择人才，而是十分注意从公司内部员工中发现人才，量才使用，在使用中注重实际工作能力和效绩，用人不论亲疏。

他把许多年轻人直接提拔到重要工作岗位上，如1986年松下幸之助提拔名不见经传的山下俊彦出任松下公司总经理，而将自己的女婿——松下正治由总经理改任董事长。这次人事安排令人十分惊讶，因为山下俊彦不仅与松下幸之助毫无血缘关系，而且还很年轻。

但松下幸之助慧眼识英才，山下俊彦出任总经理后，根据世界市场形势的变化和家用电器的发展趋势，果断地改变原公司的生产体制，由生产家用电器单一制造系统扩展为生产电子科技产品等多门类的生产体系，使公司销售额逐年增加，造就了松下电器公司新的发展阶段——"山下时代"。

人是企业最宝贵的财富。钞票没有了可以赚回来，机器坏了可以换回来，但如果失去了员工的向心力，只怕千金也买不回来了。只有赢得了人心，让自己成为下属的知己，才能换来下属对你的一片赤诚，才能"士为知己者死"，从而最终赢得企业的成功。

该清醒时清醒，该糊涂时糊涂

有句古语，叫作"水至清则无鱼，人至察则无徒"。意思是说，水太清了就养不住鱼，为人太精明就没有伙伴。过分的精明、苛刻，就显得刻板，不能对人持宽容厚道之心。对人不能持宽容厚道之心，也就不能容人，不能容人也就不能用人，不能得人之心。这是领导者培养忠诚下属不能忽视的一个重要细节。

人无完人，金无足赤。古往今来，大凡有见识、有能力，能够成就一番事业的人，往往有着与众不同的个性和特点，他们不仅优点突出，而且缺点也明显。一个领导者如果为人、用人过于精明、苛刻，就会显得不讲情面，不通情理，不能宽容人的缺点。这样，用人就会困难得多。一个令下属乐意追随的领导要有容人之量，尤其是政治家、军事家，更要有容人之量。俗话说"宰相肚里能行船"，行大事者不拘小节，就是这个意思。如果秋毫毕见，就容易让人觉得和你难以相处，愿意跟随你、和你共事的人就会越来越少，孤掌难鸣，最终难成大事。

这些道理，说起来都很简单，但为什么有些领导在对待自己下属的时候，就常横挑鼻子竖挑眼呢？其中的原因很复杂，但就其思想方法而言，主要在于不能辩证地分析看待人的优点和缺点，长处和短处，求全责备。

美国南北战争之始，林肯总统以为凭借北方在人力、物力、财力上的绝对优势，加之战争的正义性，短期内即可扑灭南方奴隶主军队的叛乱。于是，林肯总统按照他平时的用人原则——没有大缺点，先后任命了三四位德高望重的谦谦君子做北方军队的高级将领，想利用他们在人们心中的道德感召力，用正义之师战败南方奴隶主军队。但事与愿违，这些没有缺点的将领在战争中却很平庸，很快便被李将军统率的南方奴隶主军队一一击溃。

预想不到的败局引起了林肯总统的深思。他认真分析了对方的将领，从杰克森起，几乎没有一个不是满身都有大小缺点的人，但他们却具有善于带兵、用兵，勇敢机智、剽悍凶猛等长处，而这些长处正是战争需要的素质。反观自己的将领，忠厚、谦和、处世谨慎，这些作为做人的品格是不错的，但在充满血腥的严酷战争中，却不足取。从这种分析出发，林肯力排众议，毅然起用格兰特将军为总司令。

命令一下，众皆哗然，都说格兰特好酒贪杯，难当大任。对此，林肯笑道："如果我知道他喜欢喝什么酒，我倒应该送他几桶，让大家共享。"林肯知道北军将领中只有格兰特是能运筹帷幄的帅才，要用他的长处，就要容忍他的缺点，这是严酷的战争，不是教堂里的说教。因而当有人激烈反对时，林肯却坚定地说："我只要格兰特。"后来的事实证明，格兰特的任命，成为美国南北战争的转折点，在格兰特的统帅下，北方军队节节取胜，终于扑灭了南方奴隶主集团的武装叛乱。

对林肯总统用人原则的前后变化，美国著名的管理学家杜拉克在《有效的管理者》中有一段精彩的评述，他说："倘要所用的人没有短处，其结果至多只是一个平凡的组织者。所谓'样样皆是'，必然一无是处。才干越高的人，其缺点往往越明显。有高峰始有谷，谁也不可能是十项全能。""一位领导者仅能见人短处而不能用人之所长，从而刻意挑其短而非着眼于展其长，则这样的领导者本身就是一位弱者。"

所以唐代大文学家韩愈说："古代的资能之人，要求自己严格而全面，对待别人则宽容而简约。对己严格而全面，所以才不怠懈懒散；对别人宽容而简约，所以别人乐于为善，乐于进取……现在的人却不这样，他对待别人总是说：'某人虽有某方面的能力，但为人不足称道；某人虽长于干什么事，但也没有什么价值。'抓住人家的一个缺点，就不管他有几个优点；追究他的过去，不考虑他的现在。提心吊胆，深怕别人得到了好名声，这岂不是对人太苛刻了吗？"

对待别人太苛刻的人，只能落得个孤家寡人，众叛亲离的下场，而不可能很好地去用人，也没有人愿意与这样的人共事。所以春秋时五霸之一的齐桓公说："金属过于刚硬，就容易脆折，皮革过于刚硬则容易断裂。为人主的过于刚硬则会导致国家灭亡，为人臣过于刚强则会没有朋友，过于强硬就不容易和谐，不和谐就不能用人，人亦不为其所用。"由此可见，用人待人，以和为贵。

综观历史上那些深得人心的领导者，哪个不是深抱宽容之心，有广纳天下之度？待人用人，该糊涂时糊涂，该清醒时清醒。曹操用人不拘品行，唐太宗用人只注意"大节"，都可以说把用人的这一原则发挥得淋漓尽致。

第十章

牵制人心，
情是带队之本

让员工听话，就先听他讲话

在一个群体中，要使每一个群体成员能够在共同的目标下，协调一致地努力工作，就绝对离不开沟通。那么身为管理者，怎样沟通才能让员工听进去，把决策执行下去？

如今，上下属之间不再是单纯的说教与服从的关系。单方面的说教并不能让员工心服口服，一个善于沟通的管理者要先学会倾听，善于倾听不同的声音，不断地吸纳各方面包括下属的合理意见和想法。

1号店是国内知名的 B2C 快消品电商，创始人兼董事长于刚很注重倾听员工的声音，在 1 号店，CEO 午餐会议已经成为一种独特的企业文化。当然，CEO 午餐会议并不是指 1 号店内部的会议都是在午餐的时候来进行，而是指 1 号店的员工会不定期收到一封来自 CEO 邀请一起午餐的邮件，收到邮件的人不分职位等级，不分岗位。收到邮件的员工不仅有一份 CEO 买单的免费午餐，还可以获得一次 30 分钟左右与 1 号店 CEO 刘峻岭面对面交流的机会，这种机会可不是每个人都能有的。

自然，CEO 午餐会议的主要目的，是 CEO 越级听取员工最直接的心声，比如：1 号店与其他电商公司相比哪些做得比较好？哪些又做得不好？目前你所面临的问题是什么？你觉得 1 号店还有哪些是可以提高的？对你的上司你怎么看？……对于员工提出的问题，CEO 最终也会给出一些合理的意见和解决问题的方案。

现代管理学之父德鲁克认为，信息交流是双向的，管理者要向下属传输任务信息，下属要向管理者及时反馈有关任务执行情况的信息。管理者定期抽出一定的时间和下属交谈，倾听下属的意见，能够使管理卓有成效。

世界500强百安居的总公司以完善的沟通反馈制度而曾在英国当选"最佳雇主"。总部的各个部门每个月都会召开一次"草根会议"。会议上任何员工都可以提出问题和建议，公司高层领导会分别参加各个会议，面对面地了解员工的想法，公开对话。在下一次的"草根会议"上，公司高层会向员工通报问题或建议的解决进度，继续征求员工的反馈意见。

除此之外，百安居公司还通过其他渠道让员反映问题。公司专门设立了一个对员工免费的24小时录音电话，叫作Easy Talk，员工可以跟总裁或总经理反映任何问题。每天都会有人去接听并整理，然后汇报给高层，高层会定期给予回馈。另外，员工还可以写信到专门的电子邮箱或者打电话。

由此可见，倾听是管理者与员工有效沟通的基础，管理者要学会认真倾听下属的意见。国内企业的领导者似乎天生有一种发号施令的嗜好，或者认为只有不断地发布命令才能显示出自己的权威。对于来自下面员工的意见，他们则常常显示出不耐烦，固执地认为小人物只有执行命令的资格。殊不知，倾听也是一种领导力量。若不注意了解下属的心声，很可能失去最得力的干将。企业管理层只有注意倾听周围人们的意见，才能进一步推动工作，信赖别人的同时也能够得到别人的信任。

赋予员工"愿望"的标签，他会变得稀缺

在一个企业里没有石头般的员工，有的全是金子似的人才。而如何让这些金子发出耀眼的光芒，主要看管理者怎么做了。根据员工内心的意愿和兴趣，把合适的员工放在合适的位置上，满足了员工的意愿，让他做自己感兴趣的事，他才会更加积极主动，充满热情，才会变得稀缺，才能散发出金子般的光芒。

一位乡村邮递员，名叫希瓦勒，每天奔走在各个村庄间。有一天，他在崎岖的山路上被一块石头绊倒了。他发现，绊倒他的那块石头样子十分奇特，他拾起石头，左看右看，有些爱不释手。

于是，他把那块石头放进邮包里。回到家里，他端详着自己爱不释手的这块石头，突然产生一个念头，如果用这些美丽的石头建造一座城堡，将是多么美丽啊！

20多年后，在他偏僻的住处，出现了许多错落有致的城堡，有清真寺式的、有印度神教式的、有基督教式的……当地人都知道这样一个性格偏执、沉默不语的邮差，在做如同小孩建筑沙堡一样的游戏。

1905年，美国波士顿一家报社的记者到此地采访，偶然发现了这群城堡，为之惊叹不已，记者为此写了一篇介绍希瓦勒的文章。新闻刊出后，希瓦勒迅速成为焦点人物，许多人都慕名前来参观他的城堡，连当时最有声望的大师级人物毕加索也专程参观了他的建筑。

在众人看来，满山遍野里随处可见的石头，其价值几乎可以忽略不计，但在邮递员希瓦勒这里竟被缔造成了奇迹城堡，价值增值不可估量。如何来解释这种价值的巨大变化呢？

在经济学上，任何物品要想成为商品并拥有价值，都必须具有可供人类使用的价值，毫无使用价值的物品是不会成为商品的。一块普通的石头，人们用它来建筑房屋、修公路等的时候，它的使用价值是很有限的；可当一个石头被赋予"愿望"的标签时，就会变得具有稀缺性，这些"有愿望的石头"在邮差20多年的历练下被建筑成错落有致的城堡，不仅具有使用价值，还有了美的欣赏价值，具有了资源的稀缺性，价值自然大幅增加。

这与"德尼摩定律"有着异曲同工之妙。每个人，每样东西，都有一个它最适合的位置。管理者应让成就欲较强的优秀员工单独或牵头完成具有一定风险和难度的工作，并在其完成时给予及时的肯定和赞扬；让依附欲较强的员工更多地参加到某个团体中共同工作；让权力欲较强的员工担任一个与之能力相适应的管理职位。同时要加强员工对企业目标的认同感，让员工感觉到自己所做的工作是值得的，这样才能激发员工的热情。

现实工作中，存在这样一些管理误区：管理者依照企业制度安排人的位置，不善言辞的员工被安排去组织展销会，许多头脑里新点子迭出的员工却被安排做财务……这使得许多员工的优势得不到发挥，不仅浪费了企业的人力、物力，还打击了员工的工作积极性。将人安排在适合的位置上，达到人事相宜，是"德尼摩定律"一项重要的原则，也是企业管理者重要的管理法宝。

控制员工的满足度，太舒服就会丧失冲劲儿

世间所有事情都是一样，物极必反，过犹不及。对于企业来说，善待员工，满足需求，会激发他们工作的积极性，但凡事有度，如果任何事都百分百给予满足，那员工就会滋生出安逸、不思进取的心态。所以要让员工满意，但也不能让员工太满意了，70 分左右是最理想的。

从心理学的角度来说，对现状过于满足的状态绝对是消极的。俗话说"骄兵必败"，当一个人对现状过于满意的时候，就必然会出现松懈，逐渐失去进取心，有些心术不正的人甚至还会滋生邪念。所以，人如果过得太舒服了，就会逐渐丧失"冲劲儿"和"闯劲儿"。这一点，在企业管理上面同样适用，员工太满意了，对企业来讲绝对不是什么好事。一般来说，把满足员工的需求满意度控制在 70 分左右应该是最理想的。否则就会豢养"骄兵"，太低则会触发"反叛"，都具有极大的危险性。

有一位企业领导曾跟下属开过这样一个玩笑："如果哪天你们大老远看见我转身就跑，就说明员工满意度过低，我得对你们好点了；反之，如果哪一天你们看见我就恨不得扑过来亲我一口，则说明我们的员工满意度太高，得给你们添点堵了。"

这不仅仅是个玩笑，也不是危言耸听，有很多领导都吃过这样的亏。

有一家公司对环境卫生的要求极为严格，但又不可能给公司的几位保洁大姐过高的工资。为了缓和她们对工作的不满，公司领导平时处处注意善待这几位大姐，尽量多给她们发放一些加班费，其他部门发奖金时也

不忘分一份给她们，并且是由领导亲自交到她们手上。这招一开始非常见效，她们工作起来非常卖力，也达到了公司要求的最低标准。但是时间一长，问题就显现出来了。尽管公司待她们不薄，给她们的待遇在同行业里也是数一数二的，但她们不但没有丝毫感恩之心，相反却对现状越来越不满，频繁地找领导提出待遇方面的要求，而且胆子越来越大，态度越来越嚣张。公司领导意识到了问题的严重性，对她们严肃地表明了立场，警告她们"如有不满，可以随时走人"，这些保洁大姐这才消停了下来。

从这个案例中能总结出两个道理，值得所有企业领导重视：

（1）善待不是软弱和纵容。管理者该表明立场的时候，一定要严肃表明立场，绝不留半点情面。只有这样，管理者平时对员工的善待才会真正得到他们的重视与珍惜。否则，蹬鼻子上脸、得寸进尺的人永远不在少数。

（2）如果想"从严治军"，就一定要先做到"爱兵如子"。说得简单点儿，如果管理者想对员工"严"起来，就一定要先"善待"他们，黑脸和红脸都唱才会奏效。因为你是"善待"在前，仁至义尽之后才开始从严的，所以，被你"严待"的人会觉得自己理亏在先，不会有什么怨言，能够坦然接受。反之，如果你没有之前的"仁至义尽"而是一味地"虐待"员工的话，就会导致员工猛烈的反抗。

人都有这样一个毛病，得了便宜又卖乖，本来已经得到了好处，却仍不满足，还想得到更多。但是毕竟已经得到了一定好处，真想放弃这"既得利益"也得好好掂量掂量。比如说，有些员工明明收入不低却偏偏天天跑到领导那里要求提高待遇，并威胁如果满足不了他，就要辞职走人。这时，如果领导能确认他们确实存在着舍不得放手的"既得利益"，就不必受他们威胁，只需对他们表明立场"如有不满，可以随时走人"，十有八九他们会"偃旗息鼓"，从此安心工作。真正敢"拍屁股走人"的人绝对是极少数，辞职只是他们说出来吓唬人的。真让他们这么轻易地放弃已经到手的东西，他们也没那么傻。

当然，管理者敢于这么做要有一个大前提，那就是要先确定这些员工是否真的"得了便宜"，有不舍得放手的"既得利益"。如果没有，这一招就不管用了，因此一定要慎重。

管理者想要在跟员工的博弈中立于不败之地，就要做到两点：

第一，尽量做到"善待"在前，"严待"在后，把自己划到"占理儿"的一边。

第二，对员工"善待"与"严待"的比例最好控制在六四开或七三开，不要低于五五开。

明确的心理预期，用年终奖牵制住员工

年终奖是牵制员工的一个重要手段，现在很多员工把年终奖看得比工资重要，因为在很多公司，一次年终奖就足以抵得上一年或几年的工资，所以，很多员工辛辛苦苦干一年，盼的就是这个年终奖。有的人就算在公司里受尽了委屈，想跳槽，也要咬紧牙关死撑着，怎么着也得坚持到把年终奖拿到手之后再闪人。

所以，每到年关将至的时候，其他人都在欢欢喜喜盼过年，老板和公司高层却在为年终奖头疼不已。年终奖发得好坏，不仅影响到员工下一个整年的工作积极性，甚至还能从根本上左右员工对公司、对领导层的看法。年终奖发好了，即便员工平时有一些对公司的小不满、小意见，也会自己忍忍就过去了。年终奖发不好，即便员工平时对公司没什么意见，也会大失所望。这样的员工就算不立马辞职，第二年一整年的工作激情与状态也会受到巨大的影响。

既然年终奖这么重要，到底该怎么发才好呢？

有的人认为，年终奖应该具备一定的神秘性，这样可以给员工一个惊喜，他们就会更加为公司卖命。这种想法有点想当然，因为没人知道员工心里在想什么，没人知道员工的心理预期到底是多少。所以，当你发的红包大于这个数，固然可以收到奇效，但当你的红包低于员工心理预期的时候，麻烦可就大了。

这时，你的面前会出现一大群"白眼儿狼"，他们拿了钱也不会念你的好，还会在心里骂你一顿。这样也就算了，但如果第二年员工个个都跟霜打的茄子似的，成天无精打采不好好干活，那这钱就花得太冤枉了。

这不是员工的问题，换了谁都会这样，所以，这事儿归根结底还是在于年终奖的发放方法。正确的做法应该是：在员工可接受的前提下，从一开始就制定出一套完整的制度和标准，通过一系列明确的标准，让员工在一整年之中随时都能大概地计算出他最后的年终奖是个什么数，以及距离这个数字还有多远。

只要员工不是自己抱着美好的愿望瞎猜，而是形成这种明确的心理预期，而且最终结果与这种心理预期相差无几的话，"白眼儿狼"现象就不会出现。不过也有一个小细节需要注意。既然是年终"大奖"，花了这么多钱，老板们总想收到点"锦上添花"的效果。他们有的会在最终发放的时候稍微加上点富余量，给员工制造一个惊喜，让员工更加感恩，更加卖命。这样做出发点是好的，也确实有可能会带来"锦上添花"的效果，但必须注意两个问题。

第一，绝不能"年年有余"，这种富余一定得"时有时无"才行。

第二，富余量不能过大，"小惊喜"即可，"大惊喜"万万使不得。

原因很简单，如果你年年备着这份富余，有了规律性，就相当于没富余。因为这在员工心中已经成了"理所当然该得"的东西，根本不会起到任何激励效果。

而且正因为"时有时无"，没有规律，所以如果偶尔来个"超大红包"，确实能够给员工较大的惊喜，起到一定的激励作用，但同时，得不到这种富余的年份，员工就会产生非常大的心理落差，"超大红包"的刺激效果反而会起反作用。

所以，富余量的大小一定要控制好，切忌一时兴起就大手大脚，为以后留下"祸根"。

其实，如果老板舍得花心思，这种富余不一定非得是物质方面的东西，精神上的东西也同样有效，而且说不定效果会更好。

比如老板可以为每位员工精心准备上一份意想不到的小礼物，设立一些贴心的奖项，赠给在不同方面表现出色的员工；组织一次快乐的旅游或狂欢活动等，都能取得不错的效果。

总之，一定的"可预知性"加上灵活的"不可预知的惊喜"，就能大致上确保年终奖的成功发放。

但是，这还没完，年终奖没这么好发。

最后，你还必须注意一个极容易被人忽略的小细节，就是年终奖到底该由谁来发。之前的一切工作都费尽心思做好了，但是如果找不准发奖的人，照样会前功尽弃。

有一个老板，到每年年末的时候，他只负责给中层颁发年终奖，然后，让中层从他们的年终奖里拿出一部分钱奖励给自己部门的员工。而且年终奖的发放工作必须做到严格保密，若有人泄密严惩不贷。

这样做倒还没什么，问题是这位老板不给中层规定一个明确的发放标准，而是让他们"自己看着办"，但事后一旦知道了某个中层比较"小气"，给员工发钱比别的中层少，他就会先臭骂其一顿，然后勒令补发，直到他满意为止。

发年终奖本来应该是个"喜剧"，却被这老板活生生地给导演成了"悲剧"。而且，这位老板还大言不惭地说："我这样做是为了中层好，是帮着中层树立他们在员工中的威信！"

其实事实是这样的：因为老板没有给中层规定明确的发放标准，就必然会带来年终奖发放的随意性和不一致性，各部门之间肯定有差别。这就等于人为地在各部门之间制造事端，引发员工的攀比之心。

员工甲："你们经理给了多少？"

员工乙："特少，就3000，你们呢？"

员工甲："什么？3000？我们经理才给了1500！这坏家伙！"

只要各部门之间金额不同，有多有少，这种情况不是"可能"会发生，而是肯定会发生。中层领导的威信没树立起来，反倒成了"坏家伙"。

这位老板犯了明显的错误，违反了标准明确、公开透明的原则。

没有明确的标准，就不能让员工产生事前预期，这样做，就等于把所有谜底都留给了最后的时刻。当谜底揭晓，员工心理预期落空的时候，年终奖的钱就等于白扔了。

这位老板原来以为，颁布了严格保密的命令，员工就可以做到绝对的守口如瓶。这是他最失败的地方，他实在太傻太天真了。虽然大家嘴上都不说，但早晚会变成公开的"秘密"。所以，在年终奖的发放问题上，与其遮遮掩掩欲盖弥彰，还不如直接打开天窗说亮话。而且因为年终奖由各自的部门经理发放，就必然会带来部门间攀比的现象，这就等于把部门经理推到了风口浪尖上，发多了固然没事，但发少了，就会成为员工口中的"坏家伙"，威信全无，部门战斗力陡降。

所以，发年终奖是一件既敏感又事关重大的事，最好还是由"大领导"来办，即由老板亲自发才好。这样做有两个好处，一是表明了公司对这件事的重视，对员工的尊重。二是，如果说必须得有个人需要得罪的话，还是让老板来得罪比较好。总之，年终奖不好发，尤其在中国更不好发。一线之差就会有天壤之别。老板可得慎之又慎。

给衣食无忧的员工来点精神慰藉

随着社会的发展，人民生活的富足，人们对物质方面的需求已经不像以前那么迫切，钱不是万能的了。比如奖励给一个衣食无忧、有房有车的人1000元钱，可能不会激起他情绪上的任何波澜，但如果领导走过去拍拍他的肩膀，跟他说几句鼓励的话，可能会让他立刻变得干劲十足。

管理学大师德鲁克认为：如果满足物质需求的方式不再有效，就必须去满足他们的价值观，并给予他们社会的肯定，让他们从下属变为管理者，从员工变为合伙人。所以，想要牵制住员工的心就要学会激励，当物质激励失效时，学会从精神需求的角度对员工进行激励和满足，从而激发员工的工作热情。

比尔·盖茨很看重对员工进行精神奖励。虽然在有些讨论会上他会像孩子一样大喊大叫，不停地晃动身体，挥舞手臂，甚至会说："这是我听到的最愚蠢的事情！"但是微软员工都知道，对付他的最好办法是对他吼回去，针尖对麦芒似的争论往往能激发双方的思路，说不定他最后会露出欣赏和赞许的笑容。对真正的好创意和产品，比尔·盖茨从不吝啬自己的赞美之词，整个微软公司也有一套完善的精神奖励制度，否则工作压力如此巨大的微软怎么会成为青年才俊们向往的地方呢？

微软（中国）是怎么做的呢？在满足物质需求的同时，人们还需要满足精神需求。微软每年都会在全球的5万名员工中评选出30～40名杰出贡献奖，这个奖项对每一个普通员工来说都是平等的。微软（中国）公司相对于总部又增设了三个奖项：总裁奖，由总裁本人评选；年度杰出贡献奖，由整个管理团队选出；优秀员工奖，由所有员工无记名投票评选。每半年评一次，每次大约评出 15 名。令人惊讶的是，最受欢迎和最被看重的既不是总裁奖，也不是年度杰出贡献奖，而是优秀员工奖。获奖者中既有做事很公正、很关心下属的副总经理，也有做出了工作成绩，又很乐于无私帮助同事的一般员工。因为前两个奖纯粹看销售业绩或者其他的贡献，是大家有目共睹的，事先对结果多少都能感觉到；而后者必须要得到公司上下的一致认可，要拿到这个奖的确很不容易，也很难预测，所以大家都将之视为至高无上的荣誉。

通过物质与精神奖励双管齐下，平衡了付出和回报的关系，让员工感觉到自己所得到的各方面待遇都是公平的，达到了最起码的满意状态。而对好员工，比尔·盖茨总是真心挽留，让他们在同事面前获得了一份尊严。

微软公司在阿尔伯克基时，曾经雇用了一名秘书——米丽亚姆·卢宝。1978 年，比尔·盖茨决定把公司迁回老家西雅图，大部分员工都随比尔·盖茨去了新址，卢宝却没有去。虽然她舍不得这个公司，但是她丈夫的工作在阿尔伯克基，她无法离开自己的家。临别时，比尔·盖茨希望她能尽快去西雅图，并且对她说："我知道你最终还会回来。只要你回来，我这里永远会有你的工作位置。"

1980 年冬天，卢宝果然来到西雅图，又回到了微软公司。不久，她把她的家也搬来了。她眷恋微软公司，她告诉人们："只要你同比尔·盖茨密切合作过，就不可能离开他这样的人太久。他有一种力量，叫人受到鼓舞，能使人奋发向上。"她重新投入了微软公司紧张的工作中。

人不是仅仅围绕物质利益生活的，每个人都有精神需求，有情感上的需要。注重精神激励，往往会收到物质激励所难以达到的效果。

用好绩效考核

在一个团队中，有的人能力突出而且工作积极努力，相反，有的人工作消极不曾尽心尽力，或者因能力差即使尽力了也未能把工作效率提高。在团队中，有考核者和被考核者，无论对于哪一方来说，建立一个合理的、公平的考核制度都是非常重要的，尤其是分工制度。

如何使用好绩效考核这把钥匙，恰当地避免考核误区，既能做到按绩分配，又能做到奖罚分明？

根据智猪博弈模型：假设猪圈里有一头大猪、一头小猪。猪圈的一头有猪食槽，另一头安装着控制猪食供应的按钮，按一下按钮会有 10 个单位的猪食进槽，但是谁按按钮就会首先付出 2 个单位的成本。若大猪先到槽边，大小猪吃到食物的收益比是 9 ：1；同时到槽边，收益比是 7 ：3；小猪先到槽边，收益比是 6 ：4。那么，在两头猪都有智慧的前提下，最终结果是小猪选择等待。

可以有以下几种方案：

方案一：减量。仅投原来的一半分量的食物，就会出现小猪、大猪都不去踩踏板的结果。因为小猪去踩，大猪将会把食物吃完；同样，大猪去踩，小猪也将会把食物吃完。谁去踩踏板，就意味着替对方贡献食物，所以谁也不会有踩踏板的动力。其效果就相当于对整个团队不采取任何考核措施，因此，团队成员也不会有工作的动力。

方案二：增量。投比原来多一倍的食物，就会出现小猪、大猪谁想吃，谁就会去踩踏板的结果。因为无论哪一方去踩，对方都不会把食物吃

233

完。小猪和大猪相当于生活在物质相对丰富的高福利社会里，所以竞争意识不会很强。就像在营销团队建设中，每个人无论工作努力与否都有很好的报酬，大家就都没有竞争意识了，而且这个规则的成本相当高，因此也不会有一个好效果。

方案三：移位。如果把投食口移到踏板附近，那么就会有小猪和大猪都拼命抢着踩踏板的结果。等待者不得食，而多劳者多得，每次踩踏板的收获刚好消费完。相对来说，这是一个最佳方案，成本不高，但能得到最大的收获。

当然，这种考核方法也存在它的缺陷，但没有哪一种考核方法能真正让人人都觉得公平。在绩效考核运作中，实际是对员工考核时期内工作内容及绩效的衡量与测度，即博弈方为参与考核的决策方；博弈对象为员工的工作绩效；博弈方收益为考核结果的实施效果，如薪酬调整、培训调整等。

由于考核方与被考核方都希望自己的决策收益最大化，因此双方最终选择合作决策。对于每个企业来说，这将有利于员工、主管及公司的发展。

但是从长期角度看，只能是双方中有一方离职后博弈才结束，因此理论上考核为有限次重复博弈。但实际工作中，由于考核次数较多，员工平均从业时间较长，再加上离职的不可完全预知性，因此可将考核近似看作无限次重复博弈。

随着考核博弈的不断重复及在一起工作时间的加长，主管与员工双方都有一定程度的了解。在实际工作中，由于主管在考核结果中通常占有较高的比重，所以主管个人倾向往往对考核结果有较强的影响力。而且考核为无限次重复博弈，因此员工为了追求效益最大化有可能根据主管的个性倾向调整自己的对策。因此，从长期角度分析，要求人力资源部做出相应判断与调整，如采用强制分布法、个人倾向测试等加以修正。

总而言之，要在公司内部形成合理的工作及权力分工。一方面可以通过降低主管的绩效考核压力，使部门主管有更多精力投入到部门日常管理及专业发展；另一方面，通过员工能对自己的工作绩效考核拥有一定的权力，从而调动其工作积极性，协调劳资关系，从而激发员工的工作积极性，极大程度上推动公司人力资源管理状况及企业文化建设。

再平易近人，也要保持距离

管理者一定要将"人性化"和"人情化"分开。我们先看一个小故事。

两只困倦的刺猬，由于寒冷想拥在一起取暖。可因为各自身上都长着刺，太近了就会刺伤对方。于是它们分开了一段距离，但很快又冷得受不了，于是又凑到一起。几经折腾，两只刺猬终于找到了一个合适的距离：既能互相获得对方的温暖又不至于被扎。

这个故事给了我们一个启示，也就是人际交往中的心理距离效应。管理者要把工作搞好，与下属之间保持融洽的关系必不可少，但同时也一定要注意与下属保持心理距离，免得彼此伤到对方。也就是说，管理者在对待下属的时候既要善于放下架子，也要能时刻端起架子。放下架子，是要走到下属中去，和他们打成一片，在生活中给他们关照；端起架子，是管理者要严肃起来用威严的面孔示人。

道理说起来永远都是简单的，但在实际生活中，尤其是在中国这个人情社会中，这条规则实践起来难度就大了很多。很多管理者往往是放下了架子就再也端不起来了，还有一部分管理者是端起来就再也放不下了，真正能两者得兼的，少之又少。有些管理者认为，越平易近人，越和下属打成一片，甚至称兄道弟，沟通起来就越顺畅。其实这种想法是错误的。有距离才能产生美，尤其是在管理者和下属之间，保持适度的距离比没有要好得多。

所以管理者一定要牢记一点，人性化管理不等于人情化管理。管理者和下属之间可以是事业上的伙伴、工作中的朋友，但就是不能成为私交甚笃的哥们儿。

在谈到这一点时，联想第二任总裁杨元庆说："我怕距离太近影响了公正。我们需要有一个非常公正的环境，我要组织好团队，就必须做到公正、公平、公开，上上下下都是业绩和能力导向。上去的人一定有最好的业绩，绝不是凭与我有怎样好的个人关系。我的确讲义气，但是我不会和手下做酒肉朋友，不能太做那些哥们儿义气的事情，不能天天去喝酒，天天在一起吃饭。作为一个领导，我要从内心体贴下属，想着下属，顾着下属，帮他解决实际问题，不仅是工作上的问题，还包括生活上的问题。"

无论怎么说，管理者和下属之间都存在着差别，工作等级、眼光视角都不可能一样，扮演的角色更是截然不同。管理者最不讨好的事情就是纠正下属的行为，尤其是在下属的工作进展不顺利的时候。如果管理者一方面要当下属的好朋友，同时又要做好上司，只会是吃力不讨好，下属会对这种两面派行径有不好的看法，老板大概也会责备管理者不会与同事相处，让公司里的员工人心涣散。

寻找恰当的时机树立权威

某公司的部门经理借用公司的车去参加一次会议。他在开会的时候，停在外面的车因阻碍交通遭警察扣留，这位经理吓呆了，因为他知道车第二天还要用，这时只有行政部领导有权签发取回车子所需的罚款。

行政部领导原本只要立即签一张小小的现金收据就行了，但他想借此机会显示他的权威，便让秘书假称他正在开一个重要的会议，不便受到打扰。那位部门经理别无选择，只得等待。所谓的"会议"结束了，行政部领导并没有马上办理，而是质问了部门经理半天才同意签字。

这次事件使部门经理的态度发生了变化，经理不再像从前那么盛气凌人了。

这则故事的寓意是：当他们需要你的时候，他们已别无选择。任何你有权说"是"或"不是"的机会都是你展示权威的时机，这时，你不妨摆摆架子，借此树立起自己的权威。

提起上司、领导，多数人的感觉是"架子大""官气十足"。而且人们总是习惯用"架子大"来形容某些上司脱离群众，目中无人。但是，"架子"绝不仅仅是一个消极、负面的东西，而有着它积极而微妙的意义，成为许多上司管理下属的一种十分有效的方法。

"架子"其实可以理解为一种"距离感"。许多上司正是通过有意识地保持与下属的距离，使下属认识到权力等级的存在，感受到上司的支配力和权威。而这种权威对于上司巩固自己的地位、推行自己的政策和主张是绝对必须的。

如果上司过分随和，不注意树立对下属的权威，下属很可能就会因为轻慢老板的权威而怠惰、拖延甚至是故意进行破坏。所以，上司通过"架子"来显示自己的权力，进而有效地行使权力是无可非议的，对于上司很好地履行自己的职责也是十分必要的。

领导通过"端架子"，可以使自己显得比较神秘。因为领导处于各种利益、各种矛盾的焦点上，若想实现自己的目的，就必须懂得掩藏自己，使自己的心机不被窥破。如果下属很容易就揣摩到上司的心理，他就很可能利用此来达到自己的某种目的，从而危及或破坏上司意图的实现。而不暴露自己的最好办法，莫过于保持与下属的距离，减少接触，使自己保持一种神秘莫测的状态。

许多上司最头痛的便是事无巨细都要亲自处理，他们更希望的是自己能抽出时间和精力来处理大事。而随和的言行会使下属产生一种错觉：这个上司好说话，是不是让他解决一下我的问题……这样，势必会使许多下属抱着侥幸的心理来请求上司的亲自批示，一旦不能满足又会心生怨恨。因此，用这种"轻易不可接近"的"架子"可以逃避细小琐事的烦扰，把更多的精力用于谋划大事上。

在言语中端点架子也是树立权威的一种方法。不露痕迹地击败对方的一个好方法是装作对他们的要求无能为力，这种阻碍性的无能为力亦可造成一种"有权力"的印象。

"我无权去……""这样做对我来说是不负责任的""我觉得这样做不恰当"，这三句话分别给人以权威、责任和正派的印象，进一步说，这样的说法也不大可能受到挑战。

当然，你大可不必用充满敌意的态度说明自己的原则，应该表现出你的遗憾，必要时甚至可以辅之以同情的泪水。下面几句话既可以表现你的同情，又不失办事原则："就我个人而言，我很同情你，但你是知道那些规定的……""我真希望我能帮你……""我已绞尽脑汁，可是实在是无计可施……""你也知道这方面的规定非常严……""很不巧，我们没有这方面的规定……""真不好意思，我办不到……"

这些语言技巧的优点在于对所有人都适用。有权力意识的人最终会建立起自己的权威。

只有树立权威，才能达到控制下属的目的，因为有权威才会有敬畏和服从。

第十一章

打动人心，
引爆超强执行力

员工满意度，比顾客满意度更重要

虽然服务质量还有待提高，但"顾客是上帝"这句话在国内可以说是家喻户晓，很多企业家都会经常挂在嘴边。如果问一个企业的管理者"顾客满意度"与"员工满意度"哪一个更重要，相信99%的人都会不假思索地给出答案：当然是"顾客满意度"重要，顾客是"衣食父母"嘛！

让顾客满意确实很重要，这是对宏观意义上的所有企业而言。然而对每个企业的领导来说，其实"员工满意度"比"顾客满意度"更重要。因为只有员工先满意了，顾客才能满意。

这个道理不难理解，每天和客户们直接面对面，直接打交道的是员工。无论老板怎么敬业，也不可能照顾到每个客户，而且这也不是老板该干的活。归根结底，企业还是要依靠员工来与客户接触，并从客户那儿"挣钱"。

所以，如果企业想增加收益，与其整天"琢磨"客户，不如多花点时间，好好"琢磨"一下你的员工。

但目前的现实情况是，老板们嘴上把"重视人才""人才战略"之类的"口号"叫得响亮，实际上心里根本没把员工当回事，更别提什么"员工满意度"了。在很多老板看来，"员工满意度"这件事是最不用"操心"的，你爱干就干，不干拉倒，只要我这儿有空缺，不愁没人来。现在找工作不易，确实没什么人敢真正和老板叫板，就算有不称心的事也只能默默地忍受。

但是，老板们好像都忘了一件事，明面上好像是老板把员工彻底

"拿"住了，可是老板们的"财神爷"——客户还在员工手里"拿"着呢。员工想要报复老板很简单，想办法把客户都赶跑就是了，在这场博弈中，老板才是真正的弱势群体。

受到老板"虐待"的员工，必然会"虐待"客户。而且这些都会发生在老板看不见的地方，因此老板只有坐以待毙的份儿。有些老板可能会非常疑惑："我真不理解这些员工到底是怎么想的。多一些业绩他们自己也能多挣钱啊！难道他们和钱有仇不成？"

确实，这个世界上和钱有仇的人还真不多。但是有一个前提，那就是员工的心中没有不满。如果员工的心中充满了对老板和企业的怨恨，这些怨恨就会逐渐演变成愤怒，当这种愤怒按捺不住，终于爆发出来的时候，他们就真的跟钱"有仇"了。因为多一些业绩员工才能多挣几十块钱，而老板会多出几万块钱的收入。用自己的几十换老板的几万，太值了！

现在国内普遍的情况是：小摊小贩们对待客人非常热情，甚至热情得让人受不了；而在一些高档的大型购物商场里，在这些本应该让顾客享受到专业服务的地方，我们常常会看到服务人员大都摆着一副僵硬的"扑克脸"。他们往往面无表情，对身边穿梭而过的顾客视而不见，即使顾客询问商品信息也只是随便敷衍，令顾客扫兴不已。

小贩们赚多少钱都是自己的，商场的服务员虽然有提成可拿，但如果提成过少或遭到老板"虐待"，就很难提起工作热情。大商场客流量大，东西标价也较高，老板剥削"虐待"员工可能会省出一些成本，但跟因此损失的销售额相比，实在是九牛一毛。

很多老板都算不明白这笔账，总以为自己是老板就很"牛"，手里掌握着员工的"生杀大权"，让员工干吗他们就得干吗。其实只要商品和客户掌握在员工的手里，老板就是弱势群体，老板就需要想尽办法哄员工满意。

先把"顾客满意度"放一放，认真搞好"员工满意度"吧，只要员工都满意了，顾客还会不满意吗？

把自己放在对方的位置上

如果想和别人真心相处，了解别人，就要学会换位思考，把自己放在对方的位置上考虑问题。这样才能知道对方所需，才能和他相处融洽。先来看这样两则寓言：

小羊和小狗是好朋友。一天，小羊请小狗吃饭，它准备了一桌鲜嫩的青草，结果，小狗勉强吃了几口，就再也吃不下去了。过了几天，小狗请小羊吃饭，小狗想，我不能像小羊那样小气，我一定要用最丰盛的宴席来招待它。于是，小狗准备了一桌上好的排骨，小羊却一口也吃不下去。

高山上的狮子和平原上的老虎之间爆发了一场激烈的冲突，到最后两败俱伤。狮子快要断气时，对老虎说："如果不是你非要抢我的地盘，我们也不会弄成现在这样。"老虎吃惊地说："我从未想过要抢你的地盘，我一直以为是你要侵略我。"

看完这两则寓言，很多人都不禁哑然失笑，但是笑过之后，我们不妨想一想，小羊与小狗都很热情好客，彼此都把对方当成自己最尊贵的客人，拿出自己认为是最好的食物来招待对方，结果却弄巧成拙，不但没有达到招待好对方的预期效果，反而给对方留下了一个"小气"的印象。狮子与老虎本是毫不相干的，一个生活在高山，一个生活在平原，却因为互相猜疑而爆发了一场毁灭性的决斗，最终落得两败俱伤的下场。

其实小羊与小狗、狮子与老虎犯了一个相同的错误，那就是一味地强调自己，而没有充分地了解对方，没有站在对方的立场上思考问题，所以才发生了不该发生的结果。

领导团队也是如此，管理者在工作中必须学会换位思考，站在对方的角度去思考才能打动他，让他服从于你，也只有这样才能避免发生误会，从而融洽地合作。

有一位母亲给女儿讲过这样一件事：

一次她去商店，走在她前面的年轻妇女推开沉重的大门，一直等到她进去后才松手。当她道谢的时候，那位妇女对她说："我的妈妈也和您的年纪差不多，我只希望她遇到这种情况的时候，也有人为她开门。"

听了母亲说的这件小事，女儿的心温暖了许久。

一日，一个女士患病去医院输液。年轻的小护士为她扎了两针也没有把针扎进血管，眼看着针眼处泛起了青包。疼痛之时这个女士正想抱怨几句，却抬头看到小护士额头上布满了密密的汗珠，那一刻女士突然想起了自己的小女儿。于是她安慰小护士说："不要紧，再来一次！"第三针果然成功了。小护士终于松了口气，她连声说："阿姨，对不起。我真该感谢您让我扎了三次。我是来实习的，这是我第一次给病人扎针，我太紧张了，要不是您的鼓励，我真不敢给您扎了。"女士听完后告诉她，自己也有个和她差不多大的女儿，正在医科大学读书，她也将有她的第一位患者，所以真心希望自己的女儿第一次扎针也能得到患者的宽容和鼓励。

我们没有必要把自己的想法强加给别人，但是却必须学会从他人的角度思考问题。

英国有一句谚语："要想知道别人的鞋子合不合脚，穿上别人的鞋子走一英里。"作为企业的管理者，处在高位，就一定要有高位者的风度和心胸，多去主动体谅他人、理解他人，多做主动性的换位思考，站在他人的角度思考问题，而不是总等着别人来体谅自己。

打动人心，宽容就是感召力

现代管理学认为，在一个团体中，如不加人为因素，对领导者存在支持、反对和中立的三种态度，其比例一般为 2：2：6，中立方往往视支持、反对两方的势力大小而表明态度。

因此，领导者应把主要精力放在争取、转化反对者身上。要做到这点，前提就是领导者要有宽阔的心胸，能够容忍和接纳反对者，使"对手"成为自己的助手。当然，这是一个持续不断的过程，容纳了一批反对者，又会出现新的一批，只要用愉快的心情来接受挑战，就会成为一名成功的领导者。我们发现，心胸宽阔的领导者，能事先营造让部属放手干事情、不怕出错的氛围，一旦部属出了错，首先自己为部属担当责任。

有一位大集团总裁为了使部属放手去做，无后顾之忧，常向部下表明"这事由我负责，失败了由我赔偿"。作为领导，当部下出了差错，如果因畏于上司的责难，担心名利受损，而为自己辩解、推诿，以求明哲保身时，既容易导致被人看作是无能的领导，丧失号召力和应有的威信，也容易导致有的部属缩手缩脚，生怕出事而消极工作。因此，勇于为部属承担责任的领导，表明了他的胸怀和度量。

领导者的宽容大度对追随者来说是一种强有力的感召力，是建立非权力领导力的重要因素。

糊涂一点，进可攻退可守

一些领导人认为，如果事必躬亲，所有的功劳都会归于自己。但是他们没有想到，每一个决定都是有风险的，成功了是功劳，失败了则是罪责，光想成功而不想失败，未免太过于天真。

将自己推上第一线，固然可以在成功时大出风头，可是失败了也要成为众矢之的。撇开个人得失不说，这样对公司也没有什么好处。如果将权力下放给下属，在没有把握时可以装糊涂，自己退到第二线，对自己未必没有利。

如果下属成功了，这功劳自然少不了自己一份。姑且不说领导有方，至少也是用人得当。如果下属失败了，自己还可以挽回局面，可以干预、调整人员，转败为胜。当上级领导人追查下来时，还可以起到一种责任缓冲的作用，可以说："这事我没过问，不太清楚。"再加上一句"这事我也负有责任"，那么自己在上司和下属那里，都会留有好印象。

所以，当领导的难得糊涂一下，在有些问题上"糊涂"一点，进可攻、退可守，处理问题可游刃有余，这就是人们常说的大智若愚。

不过，做一个"糊涂"型的领导，也要注意这么几点：

所谓糊涂是"装糊涂"，大智若愚的精辟之处不在"愚"而在"若"字。令自己处于"不知道"的位置，只不过是为了今后处理事情更加方便，但这样不是意味着自己真的一点都不知道，或者不去了解情况，掌握必要的信息。

"装糊涂"的主要宗旨不是为了推卸责任，而是为了应变，掌握调整决策的主动权。若要推卸责任，撒手不管岂不更好？另外，企业领导人也绝不能在一切事情上都"糊涂"，应该由自己负责的事情或事关企业发展存亡的重大事情，绝不能装糊涂。

领导者在没有把握时，学会装糊涂是管理下属的一个技巧，关键在于装作不了解，而不是真正的糊涂。如果一个糊涂的领导人身居要职，那实在是每个下属的不幸。现实中有的领导者在遇到矛盾冲突和棘手之事时，能推则推，需要表态时，也是"慢开口"，在合适的情况下，该表的态不表，在不合适的情况下，不该表的态乱表。

领导者表态，在坚持原则的基础上，发挥灵活性，更易达到事半功倍的效果。上层领导人有明文规定的事情，领导者就必须按规定表态，没有明文规定的，则应结合实际表态。

一般来说，领导者在表态之前应做到：必须清楚了解问题的真正含义和下属问话的真正意图，设法获得足够的思考时间，考虑好是直接表态，还是委婉表态，对不值得表态的问题，不必表态。表态时，应做到因事、因人而异。

领导者的表态绝不可随心所欲，要有理有据，既不做老好人，也不无故得罪人。领导者的角色地位决定了其必须持重练达，不论讲什么话、表什么态，不能超越一定的原则限度，也不能无原则地去肯定或否定。

古人说："事之难易，不在大小，务知其时。"在表态时，要讲究火候分寸问题，既要掌握"尺度"，又要讲究"分寸"。

领导者与被领导者之间的关系，既有双方情感的交流、情绪的感染，又有双方心理关系上的沟通，只有态度诚恳，领导者的表态才会对下属产生指导激励的作用。

给员工一个知遇之恩

有的管理者能够轻而易举地获得优秀人才的信任和追随，而有的管理者却筑好金巢之后引不来金凤凰。为什么？管人先管心，带人要带心，搞不定员工的心，肯定留不住人。

留人就要学会用人、任人。

微软公司创业之初，公司里基本上都是年轻人，搞业务、搞推销都是一把好手。可是弄起内务和管理方面的杂事，没有人有耐心。比尔·盖茨的第一任秘书是个年轻的女大学生，除了自己分内的工作，对任何事情都是一副不闻不问的冷漠劲。盖茨深感公司应该有一位热心爽快、事无巨细地把后勤工作都能揽下来的总管式女秘书，不能总让这方面的事情分他的心。他要求总经理伍德立即解雇现任秘书，并限时找到他要求的那种类型的秘书。

不久，盖茨在自己的办公室召见了伍德，伍德一连交上几个年轻女性的应聘资料，盖茨看后都连连摇头。"难道就没有比她们更合适的人选了？"伍德犹豫地拿出一份资料递到盖茨面前，"这位女性做过文秘、档案管理和会计员等不少后勤工作，只是她年纪太大，又有家庭拖累，恐怕……"不等伍德说完，盖茨已经一目十行地看完了这份应聘资料："只要她能胜任公司的各种杂务而不厌其烦就行。"

就这样，盖茨的第二任女秘书、42岁的露宝上任了。

几天之后的早上，露宝坐在自己的位置上，看到一个男孩子直闯进董事长盖茨的办公室，经过她面前时只是"嗨"的一声打了个招呼，像孩子对待母亲似的那么自然。然后他摆弄起办公室的电脑。因为先前伍德曾特别提醒她，严禁任何闲人进入盖茨的办公室操作电脑，于是她立刻告诉伍德说有个小孩闯进了董事长的办公室。伍德表情淡漠地说："他不是小孩，他是我们的董事长。"后来，露宝才知道了自己的董事长只有21岁。这时，她以一个成熟女性特有的缜密与周到，考虑起自己今后在"娃娃公司"应尽的责任与义务。

露宝到公司不久，有一天早上9点到公司上班，经过盖茨办公室，看见房门大开，盖茨躺倒在地板上，她以为盖茨因什么事情晕过去了，大惊失色，冲出去要叫救护车，后来才知道盖茨睡得正香。由此，露宝理解了，软件设计工作比其他工作更需要倾注心血。从此，每当露宝早上到办公室时，看见盖茨睡在地板上，她就像母亲呵护儿子一样，给他盖好衣服，悄悄掩上门。关心盖茨在办公室的起居饮食，成了露宝日常工作的一项内容，这使盖茨感到了一种母性的关怀和温暖，减少了远离家庭而带来的种种不适感。

而盖茨也像对母亲一样对待他的这位雇员，压根儿就没考虑过再聘别人。

露宝在工作上是一把好手。盖茨是谈判的高手，不过第一次会见客户时，也会使人产生小小误会。客户见到盖茨时，总不免怀疑眼前的小个子是不是微软公司的董事长，可能微软公司真正的董事长正在干其他的事吧。他们伺机打电话到微软公司核实，露宝接到这样的电话，总是和蔼可亲地回答："请您留意，他是一个年纪看上去十六七岁，长一头金发，戴眼镜的男孩子。如果见到的是这样的形象，准没错，自古英雄出少年嘛。"露宝的话化解了对方心头的疑虑。

露宝把微软公司看成是一个大家庭，她对公司有很深的感情。自然，她也成了微软公司的后勤总管，负责发放工资、记账、接订单、采购、打印文件等。

露宝成了公司的重要人物，给公司带来了凝聚力，盖茨和其他员工对露宝有很强的依赖心理。当微软公司决定迁往西雅图，而露宝因为丈夫在亚帕克基有自己的事业不能同去时，盖茨对她依依不舍，留恋不已。盖茨、艾伦和伍德联名写了一封推荐信，信中对露宝的工作能力予以很高的评价。临别时，盖茨握住露宝的手动情地说："微软公司留着空位置，随时欢迎你。你快点过来吧！" 3年后，露宝先是一个人从亚帕克基来到西雅图，后又说服丈夫举家迁来。露宝一直无法忘掉和盖茨相处的日子。她对朋友说："一旦你和盖茨共过事，就很难长久地离开他。他精力充沛，平易近人，你可以无忧无虑，很开心。"

是的，盖茨从露宝那里得到了信赖，露宝则从盖茨那里得到了尊重。事实证明，比尔·盖茨知人善任，从工作需求出发，他选择了露宝，也同样选择了事业的成功。

管理是一门艺术，领导者要不拘一格地用人，给别人一个知遇之恩，你会赢得支持与配合，造就一个协同作战的团队，实施更有效的管理。

软硬兼施，刚柔并济

绝对的严厉和强硬的领导确实可以树立威信，能够指挥员工，却不能融入员工；适时的亲和力、婉转的处事手段，则可以让领导者更快地贴近员工，让员工对其产生由衷的信赖和支持。因此，优秀的经理人一定会将温暖和严厉同时兼用。

温暖和严厉兼用，就是胡萝卜加大棒的管理艺术。"胡萝卜加大棒"是激励方式中的一种，这种暗喻是指运用奖励和惩罚两种手段以诱发人们所要求的行为。它来源于一则古老的故事，要使驴子前进就在它前面放一个胡萝卜，或者用一根棒子在后面赶它。

胡萝卜加大棒理论的根源是：古典管理理论把人假设为"经济人"，管理学家认为人的行为是在追求本身最大的利益，工作的动机只是为了获得物质报酬。这种理论认为，人的情感是非理性的，会干预人对物质利益的合理要求，组织必须设法控制个人的感情。控制个人感情的方法就是既有胡萝卜这种利益的诱惑，又有大棒式的严格管理。

其实胡萝卜加大棒的管理艺术早在我国古代就有使用。唐太宗在去世前故意找了借口把辅佐太子的宰相李世绩贬了其宰相之位，太子李治继位后，又让李世绩复任宰相。李世绩对新皇自然是感激涕零，从此以后感恩带德、忠心耿耿。

太宗使用的就是"胡萝卜加大棒"手段。李世绩是元老级功臣，唐太宗担心其不服太子李治，恐怕太子驾驭不了这位位高权重的宰相，这才故意利用手中的"大棒"狠狠地搞打了李世绩一棒，以让太子再给其"胡萝卜"的奖励——官复原职。一降一升中，李世绩被训得心服口服。

在现在的企业管理中，胡萝卜加大棒的管理艺术也时常被运用。美国通用汽车公司设在加利福尼亚州弗里蒙特的汽车装配厂，曾由于亏损而关闭。但当与日本丰田汽车公司合营组成新联合汽车制造有限公司以后，仅仅通过 18 个月的时间，竟起死回生。日本人正是靠观念的改变成功地挽救了通用汽车公司。

原来美国经理人不能平等地对待他们的员工，总是习惯性地发号施令，实行严格的监督，致使员工害怕来上班。而日本的经理人则以一种与员工平等的姿态，鼓励工人参与管理。日本人能成功地挽救通用汽车公司的秘诀就是在美国经理人"大棒"的基础上给予员工"胡萝卜"式的激励。

管理的对象是人，而人是有感情的，这就决定了管理中既需要严格要求，又需要适当激励。经理人要想使管理卓有成效，成为一个优秀的管理者，就必须学会运用胡萝卜加大棒这门管理艺术，否则管理的效率将会大大降低。

如果经理人一味地给下属胡萝卜式的甜蜜，而丢掉了棒子，无形之中，也就丢掉了作为领导者的权威。这是胡萝卜加大棒管理方式使用中常见的误区之一。在管理过程中，经理人可以做到不用棒子，但是手中必须紧握"大棒"，必要的时候适当地敲打一下，以示警告。

还有一个比较常见的误区是有些经理人在督促下属工作时习惯使用"大棒"而不用"胡萝卜"，总认为用正面的刺激去鼓舞下属没有批评人来得更为直接有效。但是大棒管理者应该想到，员工整日在一副威严的面孔下工作，心里处于紧张状态，工作乐趣从何而来？不能轻松愉快地工作，何谈工作热情？

在管理下属的过程中，光有"软"的或"硬"的手段似乎都不妥。一个优秀的经理人应该知道：最高明的管理是软中有硬，软硬兼施、刚柔并济地让员工为其卖力，又不会使他们有机会因备受青睐而得意忘形。

把热情传递给他就会打动他

人们通过坦诚的感情交流才能把握自己的感情，但头脑与心灵的交流渠道并不总会很畅通。极不善于与人打交道，很少有较温柔感情色彩的管理人员，常常否认自己或他人身上的感情因素。他们往往冷漠、心存戒备、主观武断、盛气凌人，甚至费力地掩饰自己的感情。然而，将热情融入个性和行为中，就会成为一股积极的力量。

我们的社会——家庭、学校、企业、组织——能有效地影响人们去适应外在的世界，而不是适应自己内心的渴望。人们受的教育是服从家长、老师和上司，而不是遵循自己内心的想法。但人们的感情也需要得到尊重。克拉丽莎·平克拉·埃斯蒂斯写的《与狼共行的女人》和罗伯特·布莱写的《铁约翰》等畅销书向成千上万的读者传递了同一个信息：学会了行动发自内心，即发自真正的自我和自然感情，将会使自己和周围人都感到满意。

另一种内心情感是"欢乐"。约瑟夫·坎贝尔把这种情感描写为狂喜、入迷、充满愉快感觉的活动。坎贝尔说，伴随欢乐的是向左转，进入由心灵选择的生活道路，这里不保证有物质上的成功，因为踏上这条生活道路本身就是一种回报；向右转则是实际、逻辑的生活道路，这条道路是由自觉的思想结合他人的期望选定的，它常常压制心灵的愿望。

欢乐指的是人们喜欢的宝物。这件宝物不是另一个人，它深藏在人们的内心，只有感情才能讲出它是什么。当人们认识到了他们愿望中的这件东西时，就会被它唤醒，受到它的激励，并焕发生机。沃伦·本尼斯称此为领导者须听取的"内心呼声"。领导者不应该走老路，正像诺曼·利尔在 20 世纪 70 年代所做的那样，在电视剧中表现普通的美国人，而不是英雄美女式的人物。有魅力的领导跟着内心感觉走，感觉到本能，并凭本能行事。

领导者因追求一种真正热爱的思想、理想、目标或活动而充满魅力。魅力只是释放自己内在的情感力量，将自己的欢乐融入日常生活中。一个人的魅力在于真诚地对待本质的自我。

有魅力的领导的个性特征并不只属于少数人。追求自己所爱的人们是有吸引力的，其他人则追随他们，成为他们梦想的一部分。满腔热情工作的领导者思想活跃、精力充沛。魅力的本意是指精神上的天赋，一个充满魅力的领导会展现出他内在的本质的自我。

当我们在和学生谈到他们最好的老师、有魅力的老师时，他们说的大多是："那位老师确实关心自己这门课。""他热爱教书。""他真的关心我。"这种关心、热爱是发自内心的，是魅力的源泉，我们每个人身上都有。

库泽斯和波斯纳在《领导的挑战》中讲到了美国陆军少将约翰 H·斯坦福对关于领导人培养问题的回答。他说：每当有人问起我这个问题时，我就告诉他们我有生活中取得成功的奥秘，那就是保持爱心。有爱心就有热情，能真正点燃他人，看到他人的内在世界，有比他人更强烈的工作愿望。无爱心的人不会真正找到使其站出来领导他人取得成功的那份热情。我不知道生活中还有什么其他东西能超越爱这种令人振奋、令人向上的感情。

有爱心的领导具有神奇的品质，而爱从广义上来说，是领导智慧的源泉，是将人们与理性头脑可能观察不到的现实联系起来的内心深处的呼声。爱是很难装出来的。从一个人的所爱之中找到令人振奋的东西是当领导的基本前提，其他任何方法都缺乏魅力，缺乏真实性。

记住，"世界上最柔软的支配世界上最坚硬的"。我们每一个人的以爱为基础的领导能力是不同的。得到充分发展的领导者热爱国家、家庭、工作、孩子及其他许多方面，而且都带着热情和玩耍的心情。有些人天生就是"重感情的人"。例如，李·艾柯卡，尽管他工作很忙，每天还是要找出时间打电话给他的女儿。

在生活和团体中投入热情的人会发现他们得到的乐趣和刺激更长久，没有任何东西能代替心灵。处在极度不平衡的世界中的领导者对事业充满热情，热情一旦与理性结合到一起，就会迸发出火热的干劲与合作精神，并能鼓舞起成千上万的人加入到他们的行列中来。

我们羡慕和尊敬那些有生气、精神高昂、热情、自信和乐观的领导者。我们希望他们是鼓舞人心的。然而，领导者对未来仅有梦想是不够的，他们必须鼓励我们认同这个奋斗过程，并鼓励我们朝这个目标而努力工作。

以商量的态度做指示、下命令

《伊索寓言》中有这样一则寓言：

太阳和北风打赌，看谁能先让行人把大衣脱去。于是太阳用它温暖的光轻而易举地使人们脱下大衣；而北风使劲地吹，反而使行人的大衣裹得更紧。

太阳与北风的故事，向我们说明了这样一个道理：

对下属要像太阳那样，用温暖去感化他们，使他们自觉地敞开心扉；如果像北风那样使劲地吹，一味地强制逼压，反而会使他们始终对领导心存戒备。

从管理角度来讲，威胁和严厉的警告能够保证工作水准，但问题是，在日常工作中有时这样行不通。被强制的服从只是表面上的服从，可能领导刚转身，大家又我行我素了。在可能的情况下，最好避免强制，使别人服从的两个最有效的方法是让对方觉得受到了尊重，例如：

"我知道你是不会被强迫的……"

"没有人非要强求你做……"

"任何人都强迫不了你的……"

"由你决定……"

当然，这些方法看起来有些冒险，但经常是非常有效的，因为这首先消除了反抗的理由，其次也可迫使对方接受任务。

领导管理员工就应该软硬兼施，先商量后命令，让下属接受命令之后产生愉快的心情，并愿意这么做。

领导者大多都富有经验，而且是非常优秀的。所以一般来说，依照他的命令去做，是没什么错误的。可是如果领导总是用强硬的态度会给下属留下一些不满，令人感到压抑，而不能从心底产生共鸣，这样就不可能有真正好的解决问题的办法，产生真正的动力。

所以在对人做指示或下命令时，要像这样发问："你的意见怎样？我是这么想的，你呢？"然后必须留意到，是否合乎下属的意见，以及下属是否彻底了解，并且要问，至于问的方式，也必须使对方容易回答。

松下幸之助自从创立松下电器公司以来，始终是站在领导者的地位。但在此以前，他也曾经站在被人领导的立场，所以下属的心情，他多半能够察知。由于自己有过这样的体验，所以在下命令或做指示时，他都尽量采取商量的方式。

如果采取商量的方式，下属就会把心中的想法讲出来，而你认为下属言之有理，你就不妨说："我明白了，你说得很有道理，关于这一点，我不这样做好不好？"诸如此类，一面吸收下属的想法或建议，一面推进工作。这样下属会觉得，既然自己的意见被采纳，自然就会把这件事当作是自己的事而认真去做。同时，因为他的热心，自然而然会产生不同的效果。

凡是成功的领导者，虽然表面上是下命令，实际上却经常和部下商量。如能以这样的想法来用人，则被用的人就会自动自觉地做好工作，领导也会轻松愉快。

因此领导在用人时，应尽量以商量的态度去推动一切事务。那么，你的领导能力就会在藏山露水处，运用自如。

用挑战性的工作满足下属的成就感

德鲁克说："要让人才从工作中获得比薪水更多的满足，他们尤其看重挑战。"德鲁克认为，现实生活中往往有一些人，他们只想享受工作所带来的好处，拒绝承担工作的责任或不愿为工作付出，那么结果只能和自己的目标南辕北辙，永远也无法得到自己想要的成功和幸福。同时，也有这样的一群人：他们乐于追求工作的挑战，他们对工作成就感的追求重于对薪水及名誉的关注。

有这样一个中国女孩子，她年轻、漂亮、聪明，在与哈佛、耶鲁齐名的美国常春藤盟校之一的达特茅斯大学经济系度过了4年的留学生活后，经过紧张的面试，如愿加入了美国两大投资银行中的摩根斯坦利银行，得到了一份时髦、薪水较高的工作。

她工作做得很好，得到上司、同事和客户的一致赞扬，于是就不停地被分配到项目，经常是手上有四五个项目同时进行。作为优秀员工，她甚至可以自己挑选项目。作为当时公司里分析师职别里的唯一一个中国人，她被同事们接受和喜欢，并且她所在的部门竟因为她又陆续雇用了很多中国人。

她拥有的是一份旁人眼中理想的工作，过的是一种别人看来幸福的生活。然而这只是硬币的一面——光鲜的一面，出色表现的背后，是不为人知的辛劳。在纽约的两年，是这个女孩子一生中的黄金年龄，而她的生活中除了工作便再也没有其他内容了。回想起在纽约工作的两年，她用"疯狂"这个词来形容。为了做好工作，她特意把住所安排在离公司很近的地方，走路两三分钟就能到。

刚开始的半年多时间，她经常是通宵工作之后回家洗个澡换身衣服，然后继续回去上班，每天平均只睡两三个小时。白天累极了就趴在桌子上小睡十分钟，然后又盯着电脑继续工作，参加小组会议，与客户见面。长时间的用眼过度使她的一只眼睛严重发炎，肿得像个红灯笼，她就包起那只眼睛，让另一只眼独自承担观察财经风云瞬息万变的任务……

在别人眼里，也许会认为她的付出是值得的，出色的工作为她带来了丰厚的回报：在全世界一流的公司获得难得的实践经验，也可以和全球最有权势、最优秀的商业巨头打交道，更可以随意买下昂贵的名牌服装，还可随意出入世界各地的高级场所。对于付出与回报的理解，在她看来，她所看重的并不是金钱和荣誉，而是这段工作经历带来的成就感。她曾与几个美国同事做了一整年的英国石油和美国阿莫科石油公司的合并项目，这个项目让她感到极其自豪。因为那是全世界最大的五个合并项目之一。

这个女孩就是凤凰卫视著名财经节目主持人曾子墨，上述种种就是她进入凤凰卫视之前在纽约的工作经历。现在，转换轨道的她表现依旧卓越。在新的工作中，她依然获得了耀眼的成绩，她依然要面对新的工作带来的压力和辛劳。支撑旁人眼中理想工作、幸福人生的是对卓越的不懈追求。从挑战性的工作中不断收获成就感，这就是曾子墨的工作秘诀。

从曾子墨的工作追求中可以看出，工作成就感是优秀人才高效工作的动力之源。管理者应该从中得到重要的启示：要想使下属高效工作，就要满足下属对工作成就感的追求。这是获得卓越管理必须遵守的一条重要法则。一般而言，越是优秀的人越喜欢接受具有挑战性的工作。因此，管理者要善于委派具有挑战性的工作给最为优秀的人才，这样做不仅使人才易于获得成就感，也能使管理工作实现真正的高效。

第十二章

笼络人心，
让下属们无怨无悔地追随

收拢人心——诚则立，信则久

在1号店的八字箴言中，诚信被放在第一位。1号店在选拔人才时，于刚坚持的第一个原则，就是诚信。"绝不让不守诚信的人进入1号店的门槛"，在于刚看来，诚信是做人的基础，也是企业的根基。做事先做人，这一点毫不含糊。尤其是电子商务，在网上购物时顾客对实物看不见、摸不着，信任变得更加重要。

有一次，1号店在招聘一个市场部经理，一个小伙子奇特的思路让于刚他们感到兴奋，于是决定让他再往前走一步，就让他拿出一个具体方案。这个小伙子答应在面试的那周内一定会将具体方案发送给他们。可到了下个周三，于刚还是没有收到那个小伙子发来的具体方案，于刚还为此给他打了电话，询问是否发到错误的邮箱，结果小伙子说太忙，忘记写了，希望能再给他几天时间。于刚当即就告诉他："你不用写了，你将自己的承诺当儿戏，也不要期望别人认真。若有特殊情况没完成可事先通知我们一声，我们也可理解。"

在于刚看来，小伙子这种不守承诺的行为违背了1号店坚持诚信的原则，因此当即放弃了这个候选人。

还有一次，于刚他们在招聘一个广州分公司的总经理时，面试了一个小伙子，觉得他思维敏捷，有过自己创业的经历，管理经验也丰富。双方通了电话后，小伙子立即从广州飞到上海和于刚他们面谈，于刚由此感受到了他的激情和诚意，因此决定录用他。但在做入职调查时，1号店直接打电话到他以前工作过的公司的人事部，发现他伪造简历，他其实只在那家公司工作了不到4个月的时间就离开了，可在他的简历上写的却是一年，还写了在此时间内建起了一个几十人的团队，将其销售业绩翻了数番，等等。于刚当时很庆幸他们做了深入调查。在通知那个小伙子被1号店拒招的决定后，小伙子一天打了于刚数次电话，向于刚解释他离开该企业的原因，说是和他的老板闹别扭等，并告诉于刚他如何如何珍惜进1号店和于刚他们一起创业的机会，说他是如何喜欢1号店的理念。于刚当时在杭州开会，但他每次都耐心接听小伙子的电话，和他交谈："你现在还年轻，路还很长，不诚信也许会为你赢得一时，但诚信会为你赢得一生。"

像这样的例子其实还有很多，每一个都充分证明了于刚在"诚信"这一点上的坚持。

"诚则立，信则久"，"诚"是所有道德的根本，不诚无以为善，不诚无以为君子；做事情没有诚信，多半也成功不了；不以诚信对待他人，到最后也难以获得他人的真心。在企业管理中，诚信具有更重要的意义，诚信地对待员工，你会牢牢抓住他们的心，让他们死心塌地地跟着你干，有了这样的团队，企业的执行力和业绩也会提升上去。

诚信，是一个人、一个企业的通行证，也是收拢人心、有效管理员工的绝佳武器。"人无信不立，企无信则衰"，诚实信用就是企业的生存之本，是企业基业长青的基础。所以，作为管理者，要把诚信管理重视起来。

不迁怒，不贰过

员工犯了错误，领导该怎么办？批评迁怒，还是及时反省，带领员工一起自查自省？

在企业经营管理的过程中，为了责权分明，以儆效尤，管理者一般会对经营中的失败、投诉和损失去追究员工责任，对他们进行严厉批评、处罚。可是倘若企业领导过分追究员工责任或冤枉员工，他们的迁怒是不是不应该呢？会不会把自己的责任全部推卸给员工，用他们强大的话语权让员工吃哑巴亏？迁怒，会让员工感到失落委屈，工作情绪低落，再次犯同样的错，而这要是成为企业文化的一种常态，那整个企业团队就会慢慢地丧失执行力，怠于合作，人际关系变得越来越差。

很多时候，管理者对员工无故迁怒，而自己不反省、不改正，将会招来员工的反感和对着干的心理，从而给企业带来巨大的恶果。一名商业罪犯在反省时回忆了这样的一段经历：

他是公司领导的文秘，平时做事精细严密，很少出差池。领导迷恋炒股，投入了大量资金。股市一直处于强劲势头，每次领导走进办公室，都会对他称赞有加。一日，他一如既往地干完了分内之事，整理着领导的桌子。只见领导气势汹汹地推开门，重重地坐在了椅子上，嘴里不住地谩骂股票。他变得更加小心了，一声不吭。

突然，领导非常着急地找东西，凶巴巴地看着他，对他严加训斥："我的案子哪里去了，股市偷我的钱，你偷我的案子！"显然，领导是不理性的。可是他最听不得"偷"字，他隐忍的个性压住了怒火，但随时会爆发。领导急需宣泄的窗口，于是拿"骂他"来出气，说的话难听至极，还反复说"偷"字。

事后，他在一怒之下把企业的所有资料随便卖给了一家公司，结果把自己也送进了监狱。而对于这家公司的领导来说，他不仅失去了一名优秀员工，还有公司的秘密资料。他毫无理由的迁怒让公司付出了惨重的代价。

一个有能力的领导不会轻易迁怒员工，而是懂得自己承担错误，借机拉拢下属。

某企业领导在全体大会上对员工进行企业文化的培训演讲，由于秘书临时有事请假，领导初稿匆匆完成后就习惯性地丢在了秘书的办公桌上。演讲当天领导就拿着未修改过的材料上台演讲。在播放 PPT 的过程中，出现了很多的错别字，让现场的气氛变得很尴尬。该领导并没有将错误推给秘书，而是郑重地向所有的员工道歉。

他说："我犯了两个错误，一是因为个人最近很忙，初稿的制作就草草了事，没有细究；二是我的习惯性思维让我把修改的任务推给了秘书，而秘书请假不在，我却忘记了。幻灯片上的每一个错别字都是我的一个歉意，这也是我们企业文化的自我反省精神。"底下的员工们听完都由衷地送上了热烈的掌声，企业文化的培训演讲也显得非常和谐。

企业领导不因自己的过错迁怒于员工，不推卸自己的责任，更能赢得他人的尊重。

迁怒是一种掠夺，是一种情感的掠夺。迁怒者往往只注重自己的感受，而不顾忌被迁怒者能否接受。迁怒者霸道，而被迁怒者无辜。当然每个人都可能曾是被迁怒的对象，而同时又是迁怒者。迁怒给人带来尊严上与心理上的伤害是很大的，甚至无法弥补。对于一个企业领导来说，更不应该迁怒，而是要及时地自我反省和承担责任，做一个有涵养的领导。

给他爱的水滴，他会涌泉效力

企业要学会爱，最主要的体现是企业管理者要学会爱公司的员工。员工跟企业的关系不仅仅是物质上的雇佣与被雇佣关系，还应是和谐、共同发展的"友谊关系"。维系这种"友谊"的纽带就是企业要给员工一种"企业就是家"的感觉。企业管理者把员工当作自己的亲人一样看待，在一种融洽的合作气氛中，让员工自主发挥才干，为企业贡献自己最大的力量，创造最好的效益。

在爱护"员工"方面，我们老一辈军事将领做得最好。"红军之父"朱德爱护战士是有名的。在多年的行军作战中，每到一个新的宿营地，朱德总是关心野外警戒的同志吃得饱不饱，穿得暖不暖，有没有热水洗脚，有时，还帮炊事员支炉灶安排大伙儿的生活。又如皮定均将军，他爱骂人，官越大骂得越狠，但从来不骂士兵。有一次皮定均视察部队，看见一位哨兵的军大衣少了一颗纽扣，马上命令营长跑步取来针线，为哨兵钉上纽扣。

"严是带兵之道，情是带兵之本"，带兵需要真情，这样的管理才有更多的人情味与更大的凝聚力。"滴水之恩，涌泉相报"是多数人的心理，管理团队就要了解这一点，多关心爱护员工，员工肯定会给予足够的感激和回报。领导者越是关心、爱护员工，员工们就会越拼命地为企业效力。

英国的克拉克公司是一家很小的公司，它的业务只不过是为顾客给草坪施肥、喷药。但它的经营思想、管理方针却十分独特，许多专家称它是唯一一家真正体现"爱的思想"的公司。正是这种"不合常规"，强调"爱"的经营思想和方式，使公司获得了巨大成功：克拉克公司创业时只有5名员工，两辆汽车，到了十年之后，已有5000名员工，营业额达到3亿英镑。

公司创始人克拉克的父亲留给公司一个信条："员工第一，顾客第二，这样做，一切都会顺利。"克拉克公司一直坚持这个信条，对员工如同家里人一般，对用户尽心尽力提供服务。在克拉克公司，喷药、施肥的工人被尊敬地称为"草坪养护专家"，是公司里最为重要的人。

老板克拉克关心工人，是由于内心的感情，而不是装腔作势，或沽名钓誉。一次，克拉克提出购买一个废船坞，想把它改建为公司员工的免费度假村。公司高级财务管理人员通过细致的计算，发现这个计划超过了公司的实际支付能力，他们费了好大劲，才说服克拉克放弃这个购买行动。

可是，没过不久，克拉克又要在一片沙滩上修建员工度假村，财务人员再次劝阻了他。后来，克拉克瞒着公司高级管理人员，买下一条豪华游艇，让员工度假；又包租了一架大型客机，让工人去外国旅游。

事后，主管负责财务的副总裁说："克拉克要我签字时，根本不知道我是否付得起这笔钱！可是我看到那些从未坐过飞机的工人，上飞机时的表情后，我再也无话可说。"在克拉克眼里，员工开心，他才会开心。

爱的精神即爱你的顾客、爱你的员工，尽心尽力使他们满意。同样，沃尔玛领导人不无感慨地说：企业谁是第一？顾客！但是要想让沃尔玛的所有顾客都当成上帝的话，我们就必须善待和尊重我们的员工。"爱出者爱返，福往者福来。"给人以爱，赐人以福，而最终爱心和福祉又会回到企业身边，何乐而不为？

记住员工的名字，让他感到受重视

管理者能够记住每一个员工的名字，会让员工感觉受到重视，不管是对管理者个人的认同还是对企业的忠诚感，都会大幅增加。用心记住每一个人的名字可能有点麻烦，但这点付出跟收获相比，实在是不算什么。

安德鲁·卡内基被称为钢铁大王，但他自己对钢铁的制造懂得很少。他手下有好几百个人，都比他了解钢铁。

但是他知道怎样为人处世，这就是他发大财的原因。他小时候，就表现出了组织才华。当他10岁的时候，发现人们把自己的姓名看得很重要。而他利用这项发现，去赢得别人的合作。例如，他孩提时代在苏格兰的时候，有一次抓到一只兔子，那是一只母兔。他很快发现多了一窝小兔子，但没有东西喂它们。可是他有一个很妙的想法。他对附近的孩子们说，如果他们找到足够的苜蓿和蒲公英来喂饱那些兔子，他就以他们的名字来给那些兔子命名。这个方法太灵验了，卡内基一直忘不了。好几年之后，他在商业界利用类似的方法，赚了好几百万元。例如，他希望把钢铁轨道卖给宾夕法尼亚铁路公司，而艾格·汤姆森正担任该公司的董事长。因此，安德鲁·卡内基在匹兹堡建立了一座巨大的钢铁工厂，取名为"艾格·汤姆森钢铁工厂"。

当卡内基和乔治·普尔门为卧车生意而互相竞争的时候，这位钢铁大王又想起了那个关于兔子的经验。

卡内基控制的中央交通公司，正在跟普尔门所控制的那家公司争生意。双方都拼命想得到联合太平洋铁路公司的生意，你争我夺，大杀其价，以致毫无利润可言。卡内基和普尔门都到纽约去参加联合太平洋的董事会。有一天晚上，他们在圣尼可斯饭店碰头了，卡内基说："晚安，普尔门先生，我们岂不是在出自己的洋相吗？"

"你这句话怎么讲？"普尔门问道。

于是卡内基把他心中的话说了出来——把他们两家公司合并起来。他把合作而不互相竞争的好处说得天花乱坠。普尔门倾听着，但是他并没有完全接受。最后他问："这个新公司要叫什么呢？"

卡内基立即说："普尔门皇宫卧车公司。"

普尔门的眼睛一亮。"到我房间来，"他说，"我们来讨论一番。"这次讨论改写了美国工业史。

安德鲁·卡内基以能够叫出许多员工的名字为傲。他很得意地说，当他亲任主管的时候，他的钢铁厂未曾发生过罢工事件。

每个人都有仅属于自己的名字，很多人终其一生只用一个名字，这是他生存与贡献的全部标志，因而人们对于名字的热衷是很常见的现象。

一名政治家所要学习的第一课是："记住选民的名字就是政治才能，记不住就是心不在焉。"著名的富兰克林·罗斯福总统就是一位如此出色的人。

克莱斯勒汽车公司为罗斯福先生制造了一辆特别的汽车，张伯伦及一位机械师将此车送交至白宫。

"当我到白宫访问的时候"，张伯伦先生回忆道，"总统非常愉快，他直呼我的名字，使我感到非常亲切，给我留下深刻印象的是，他对我要说明及告诉他的事项真切注意。

当罗斯福的许多朋友及同人对这辆车表示羡慕时，他当着他们的面说："张伯伦先生，我真感谢你，感谢你设计这车所费的时间、精力。这是一件杰出的工程作品！"他赞赏辐射器、特别反光镜、钟、特别照射灯、椅垫的式样、驾驶座位的位置和衣箱内有不同标记的特别衣柜。换言之，他注意每件细微的事情，他了解这些有关张伯伦的情况是费了许多心思的。他特别注意让这些设备引起罗斯福夫人、劳工部长及他的秘书波金女士的注意。他甚至还对老黑人侍者说："乔治，你特别要好好地照顾这些衣箱。"

当驾驶课程完毕之后，总统转向张伯伦说："好了，张伯伦先生，我想我要回去工作了。"

张伯伦带了一位机械师到白宫去，他被介绍给罗斯福。他没有同总统谈话，而罗斯福只听到过他的名字一次。他是一个害羞的人，站在后面。但在离开他们以前，总统找寻这位机械师，与他握手，叫出他的名字，并谢谢他到华盛顿来。他的致谢绝非草率，的确是一种真诚。回到纽约数天之后，张伯伦收到了罗斯福总统亲笔签名的照片，并附有简短的致谢信，再次对他的帮忙表示感激。

富兰克林·罗斯福知道一个最明显、最重要的获得别人好感的方法，就是记住别人的姓名，使别人觉得自己很重要。但我们有多少人这么做呢？

所幸的是，总有一些"幸运者"知道了这个"秘密"，而为罗斯福总统竞选做出过重大贡献的吉姆·法里，就是这么一位同总统一样善于记住他人姓名的人。

1898年的时候，纽约的洛克兰郡发生了一场悲剧。有个小孩死了，而在这特别的一天，邻人们正准备去参加葬礼。吉姆·法里走到马房，去拉他的马。地上积着雪，寒风凛冽。那匹马好几天没有运动了，当它被拉到水槽的时候，欢欣鼓舞起来，把两腿踢得高高的，结果吉姆·法里被踢死了。因此这个小小的石点镇，那个星期办了两个葬礼。

吉姆·法里留下了一个寡妇和三个孩子，以及几百块钱的保险金。

他的长子吉姆才只有10岁，为了家中的生活，就去一家砖厂做工，他把沙土倒入模子里，压成砖瓦，再拿到太阳下晒干，吉姆没有机会受更多的教育，可是他有爱尔兰人达观的性格，使人们自然地喜欢他，愿意跟他接近。他后来参政多年后，逐渐养成了一种善于记忆人们名字的特殊才能。

吉姆没有进过中学，可是到46岁时已有4个大学赠予他荣誉学位。他当选为民主党全国委员会主席，担任过美国邮务总长。

有一次，有记者去采访吉姆先生，向他请教成功的秘诀。他简短地告诉记者："苦干！"记者显然对这个回答不满意，就再次请教。吉姆就让记者分析他成功的原因，记者说他知道吉姆能叫出一万个人的名字来。

吉姆对此进行了纠正，他说他大约可以叫出五万个人的名字。

在吉姆·法里为一家石膏公司到处推销产品的那几年，在他身为石点镇上一名公务员的那几年间，他建立了一套记住别人姓名的方法。

开始的时候，只是一个非常简单的方法。每次他新认识一个人，就问清楚他的全名，他家的人口，他干什么行业，以及他的政治观点，并把这些资料全部记在脑海里。当他第二次碰到那个人的时候，即使是在一年以后，他还是能够拍拍对方的肩膀，询问他的太太和孩子，以及他家后面的那些向日葵。难怪有一群拥护他的人！在罗斯福竞选总统的活动展开之前的几个月中，吉姆一天要写数百封信，分发给美国西部、西北部各州的熟人、朋友。而后，他乘上火车，在19天的旅途中，走遍美国20个州，经过12000里的行程。他除了坐火车外，还用其他交通工具，像轻便马车、汽车、轮船等。吉姆每到一个城镇，都去找熟人做一次极诚恳的谈话，接着再赶往他下一段的行程。当他回到东部时，立即给在各城镇的朋友每人一封信，请他们把曾经谈过话的客人名单寄来给他。那些不计其数的名单上的人，他们都收到了吉姆·法里的信函，那些信都以"亲爱的比尔"或"亲爱的佐"开头，结尾总是签上"吉姆"。

记住他人的名字并不是件非常困难的事，它甚至只要求我们多留点心而已。但是它的效果却是非常显著的，管理者何不花点心思在这件小事上呢？

能力在批评下萎缩，在鼓励下绽放

宽容是人生防止明枪暗箭的盔甲。心胸宽广的人，会多宽恕别人，少宽恕自己。一个人倘若能严于律己，宽以待人，便能内无愧疚，外无仇敌。

用赞扬来代替批评，是斯金纳心理学的基本观点。这位伟大的心理学家以动物和人的实验来证实，当减少批评而多多鼓励和夸奖时，人所做的好的事情会增加，不好的事会减少。

许多年前，一个10岁的男孩在意大利的一家工厂做工。他一直想当一个歌星，但他的第一位老师却给他泼了冷水。他说："你不能唱歌，你根本就是五音不全，简直就像风在吹百叶窗一样。"但是他妈妈——一位穷苦的农妇，用手搂着他并称赞他说，她知道他能唱，她认为他有些进步了，她会节省下每一分钱，好让他去上音乐课。

这位母亲的嘉许改变了这个孩子的一生。他的名字叫恩瑞哥·卡罗素，他成了19世纪末最伟大的歌剧演唱家。

在19世纪初期，伦敦有位年轻人想当作家。他好像什么事都不顺利。他几乎有4年的时间没有上学了。他的父亲锒铛入狱，只因无法偿还债务。而这位年轻人时常受饥饿之苦。最后，他找到一份工作，是在一个老鼠横行的货仓里贴鞋油的标签，晚上在一间阴森静谧的房子里和另外两个男孩一起睡，那两个男孩是从伦敦的贫民窟出来的。

他对他的作品毫无信心，所以他趁深夜溜出去，把他的第一篇稿子寄了出去，免得被人看见了笑话。一个接一个的故事都被退了回来，但最后他终于被人接受了。虽然他一分钱都没拿到，但编辑夸奖了他。有一位编辑承认了他的价值。他太激动了，因此他漫无目的地在街上乱逛，眼泪顺着他的双颊流了下来。

因为一个故事的付出和所获得的嘉许，他的人生轨迹得以改变。假如不是这些夸奖，他可能一辈子都在老鼠横行的货仓做工。你也许听说过这个男孩，他的名字叫查尔斯·狄更斯。

人们都渴望被赏识和认同，即使他已经犯下了错误，仍然渴望得到宽容。人的能力并不能全部被表现出来，而要想使未表现出来的能力得到发挥，就需要别人的称赞和鼓励。

凯斯·罗伯在加州木林山的公司，就是充分运用了赞美原则。他的印刷厂生产的东西，品质很精细，但印刷员是位新人，他不太能适应他的工作。他的主管很不高兴，想解雇他。

当罗伯先生知道了这个情形以后，亲自来到印刷厂，跟这位年轻人谈了谈。罗伯告诉他，对他的工作非常满意，并告诉他，这是在公司所看到的最好的成品之一。罗伯还指出了那位年轻人生产的东西好在哪里及他对公司的重要性。

这能不影响那位年轻人对工作的态度吗？几天以后，情况大大改观。他告诉他的同僚，罗伯先生非常欣赏他的成品。从那天起，他就成为一位忠诚细心的工人了。

能力会在批评下萎缩，而在鼓励下绽放花朵。要成为一名出色的领导者，就需要采用以下原则：赞美最细小的进步，而不是揪着已经发生的错误不放；要诚恳地认同和慷慨地赞美。

向员工感恩，他便会给你回报

作为企业的领导，也许你会感谢经销商、供货商，感谢生意场上帮助过自己的朋友，感谢自己的顾客上帝，但是很少会有人想到感谢一下自己真正的衣食父母——员工。

当今社会，残暴变态的老板为数不多，但是对员工缺乏感恩之心的老板为数不少，他们完全把自己当成了员工的"救世主"，而把员工视为可任意欺侮、践踏、盘剥的对象，于是总以高高在上的态度去对待员工。他们不但对员工的问题抱以漠视麻木的态度，还会损害员工的利益。

但凡这样的企业，是绝不会有前途的，因为没有人愿意死心塌地为冷血企业去卖命。员工是企业最重要的合作伙伴，没有了员工的忠诚，企业要想发展壮大，其可能性微乎其微。所以一个企业能否诚信于员工、是否感恩于员工，是它发展壮大的重要因素。

相比不懂感恩员工的老板，杭州某公司老板李某的行为让人感动。当他得知自己的员工身患绝症的时候，没有袖手旁观，而是为员工付清了所有的治疗费，不惜投入巨资挽救了绝症员工的生命。

当别人非常质疑地问他，"你一个私营企业老板，有必要为一个打工仔付出那么多吗"的时候，李某道出了自己的心声："他们是企业最宝贵的财富，为公司发展立下了汗马功劳。"显而易见，李某并不是把自己看成企业的主宰，而是认为，是员工们的辛勤付出促成了企业的发展壮大，因而把员工视为企业的宝贵财富。

事实也是如此，员工才是企业生存发展的命脉，如果没有员工的真诚付出，自己的公司就不会拥有广阔的发展前景；如果没有员工们同甘共苦地挥洒血汗，企业就不可能有财富的创造与积累，也就必然不会做大做强。中国人常讲："你敬我一尺，我敬你一丈。"那么，稍有理性和良知的企业家，但凡希望企业前程广阔，都会对员工抱以感恩的态度。

总之，员工和企业血脉相连。在中国经商，机遇不单单垂青有准备的人，更垂青有爱心的人、有感恩之心的人。企业只有把员工当成宝贵的财富，员工才能为企业不遗余力地创造财富；企业只有对员工多加珍惜，常抱感恩情怀，并以具体行动向员工感恩，员工才能以主人翁的姿态回报企业。

一座气势宏伟的大厦是由一块块坚固的砖堆砌而成的，同样，一个好的企业是由一个个优秀的员工组成的。员工的每一个行为都影响着企业的生存发展。作为一个企业，需要通过员工的共同努力去实现最终目标，所以一定要感谢员工，而不是要员工来感谢你。

"公交"得人，"私交"得心

每一个领导者和管理者都要面对一个两难课题，那就是如何处理"公交"与"私交"的关系。

所谓"公交"，就是做任何事都严格地遵守规章制度，秉公办事、铁面无私；而"私交"就是人们常说的"非正式场合的沟通"，是"私底下"的"交情"。将这两个方面单独来看，"公交"就意味着要得罪人，"私交"则意味着尽可能通过私底下拉关系，尽量挽回得罪人的损失。这样说尽管有些露骨，但这确实是每一个管理者不得不认真考虑的问题，也是管理者几乎每天都需要面对的问题。

实际上，一个不合格的管理者总是会轻易地"任选一边"，要么就是完全公事公办，一点情面都不留；要么就是完全哥们儿义气，跟下属打成一片，在员工面前树立起一个"仗义"的"老大哥"的形象来取得下属的信任。

这两种方法都有明显的弊端，当一个"铁面判官"的弊端是，员工的心态会变成这样——好了，既然你这么狠，我怕了你了还不行吗，你在的时候我肯定好好干，做个样子，只要你背过身去，我该怎样还怎样；不止如此，如果你实在太招我烦的话，趁你不注意我还要捣点乱，给你添点堵。

与之相反，当"老大哥"的弊端是，员工的心态会如此——既然你这么讲义气，为了大哥，小弟绝对两肋插刀，你在不在身边，只要是大哥交代办的事绝对不打折扣地执行。员工的执行力会比较高。但是，并不是所有员工都能拿捏好分寸，既然已经是"哥们儿"了，有时候有些"小弟"难免会"搞混了角色"，没大没小、嬉皮笑脸、蹬鼻子上脸，也有可能不把你的话当事儿了，因为"反正我吃准了大哥不会把小弟怎样，咱俩什么关系？难不成你会给我小鞋穿"。遇到这种情况，当"大哥"的只能一脸无奈，哭笑不得。

这对每一个管理者来说都是一个两难的课题。不过解决起来其实也很简单，六四开，"公"六"私"四是最好的。这样做就是既有"原则性"又有"灵活性"，原则性太强，灵活性太弱，则失之"僵硬"，反之则失之"滑头"。这个分寸感的把握，实在是一门大学问。

"公交"能得"人"，"私交"能得"心"。如何"人""心"共获，决定了一个领导者事业空间的可能性。

给职务时，授予相称的权力

领导并不意味着什么都得管，要懂得放权，但放权也是要有底线和原则的，否则会把自己搞成"傀儡"。领导对权力最合理的处理方法就是大权独揽，小权分散，做到权限与权能相适应，权力与责任密切结合。

《韩非子》里有这样一个故事：

鲁国有个人叫阳虎，他经常说"君主如果圣明，当臣子的就会尽心效忠，不敢有二心；君主若是昏庸，臣子就敷衍应酬，甚至心怀鬼胎，但表现上虚与委蛇，然而暗中欺君而谋私利。"

阳虎这番话触怒了鲁王，因此被驱逐出境。他跑到齐国，齐王对他不感兴趣，他又逃到赵国，赵王十分赏识他的才能，拜他为相。近臣向赵王劝谏说："听说阳虎私心颇重，怎能用这样的人料理朝政？"赵王答道："阳虎或许会寻机谋私，但我会小心监视，防止他这样做，只要我拥有不致被臣子篡权的力量，他岂能得遂所愿？"赵王在一定程度上控制着阳虎，使他不敢有所逾越。阳虎则在相位上施展自己的抱负和才能，终使赵国威震四方，称霸于诸侯。

赵王重用阳虎的例子给我们现代管理者的一个启示就是，领导者在授权的同时，必须进行有效的指导和控制。这样既可以充分地利用人才，又可以避免因下属有异心而导致管理上的危机。

领导者要做好授权，就应当放手让下属去干，不随意干预下属的工作，这样才能充分调动下属的积极性，激发出下属的潜能。

古今道理一样。领导者在用人时，要做到既然给了下属职务，就应该同时给予其职务相称的权力，放手让下属去干，不能大搞"扶上马，不撒缰"，处处干预，只给职位不给权力。

明确角色，找好自己的定位

很多管理者都有一个致命的错误，就是表面上知道自己该干什么，实际上在很多时候都会忘掉自己在团队中的权限和责任。要想把团队管理得好，必须首先明确自己到底扮演的是什么角色，否则就成为不了好的"领头羊"，也不可能带出一支高绩效的团队。

赫尔曼·海塞的《东方之旅》中曾有这样一个故事：

一群想要旅行的人们四处打听，想雇一个仆人，以便在他们旅行时有人为他们做饭、洗衣及做其他仆人做的事情。他们拜访了一个修道院，问是否有人有空，可以在他们旅行时为他们服务。僧侣们为他们介绍了一个叫利奥的人，但条件是利奥不能长期跟随他们，必须在陪他们一段时间后返回修道院。

利奥成了他们忠心耿耿的仆人，为他们做琐碎的事情，激励他们的士气，在约定离开他们之前一切都很顺利。然而在利奥离开他们之后，渐渐地，他们的士气衰减，那个群体渐渐分裂，最终他们的旅途被取消。他们中的一个人浪迹了很多年，终于来到了利奥所在的修道院。当他进入修道院时，发现利奥真实的身份远远不是一个卑下的仆人，而是伟大的、受人尊敬的、那帮僧侣的领导者。

这个故事告诉我们，管理者不仅是团队的领导者，而且还是团队的仆人。为团队做仆人这一点很重要。许多管理者以为他们的工作就是发号施令，如果不这样做，他们害怕会失去人们的尊重。然而，团队的工作目标是完成任务，而管理者的工作是使团队凝聚起来，并且被激励。

管理者要通过站在员工的立场上工作以使团队团结起来，而不是通过告诉他们如何去做来达到这一点。一旦管理者是在领导一个团队，而不仅仅是个松散的群体，团队成员或团队外的人士就会根据整个团队的业绩来评价管理者。如果管理者接受了团队仆人的角色，那么，管理者就能够代表整个团队去与其他管理者和部门谈判，以满足他们的需要。团队业绩也会提高，此后就会很好地影响到整个团队。

管理者是教官，也是队员。管理者要鼓励队员认识到合作共事会产生协同作用，对提高个人技能与绩效都会有莫大的好处。合作其实是一种天性，例如儿童就倾向于共享他们的知识和技能。人们不必专门学习就可以掌握这一点，只要顺其自然即可。然而，随着时间的推移和进入工作世界，我们都变得麻木、懒散，这种天性似乎也已经逐渐失去了。

团队工作其实不仅仅意味着队员们在一起工作，还意味着队员彼此帮助，不仅仅是完成工作，而是要做得更好、更轻松、更有效率。团队的管理者在这中间所扮演的角色不仅仅是教练，还要是一个优秀的队员，身先士卒地带头去做。

此外，团队的管理者要成为团队成员的榜样，他不是把困难的或棘手的任务交给别人，而是通过承担这些任务表明自己对团队的忠诚，通过这些做法，以自己的行动表明他确实信任自己的团队，并愿意尽自己的最大努力使团队发挥作用。这种榜样的力量使其他团队成员很难偷懒。

"角色定位"是杜拉克管理学中的首要问题，它代表了团队管理者的职责或职位定位。内外环境的交互作用，会使管理者有时是这种角色，有时是那种角色，扮演不好就会造成角色混乱和冲突。因此，管理者一定要合理确定自己的坐标位置，唯有如此，才能造就出一个真正高绩效的团队，使其工作成效大于各个团队成员工作成效的总和。